大学英语教学方法与策略研究

黄雅彬 著

中国建材工业出版社

图书在版编目（CIP）数据

大学英语教学方法与策略研究 / 黄雅彬著. -- 北京：中国建材工业出版社，2023.8

ISBN 978-7-5160-3972-4

Ⅰ. ①大… Ⅱ. ①黄… Ⅲ. ①英语－教学研究－高等学校 Ⅳ. ①H319.3

中国国家版本馆 CIP 数据核字（2023）第 227803 号

大学英语教学方法与策略研究

Daxue Yingyu Jiaoxue Fangfa yu Celue Yanjiu

黄雅彬　　**著**

出版发行：中国建材工业出版社
地　　址：北京市海淀区三里河路 1 号
邮　　编：100044
经　　销：全国各地新华书店
印　　刷：北京传奇佳彩数码印刷有限公司
开　　本：787mm×1092mm　1/16
印　　张：10
字　　数：128 千字
版　　次：2024 年 1 月第 1 版
印　　次：2024 年 1 月第 1 次
定　　价：59.80元

本社网址：www.jccbs.com，微信公众号：zgjcgycbs

前 言

英语教学是丰富学生英语语言知识、提高学生英语技能水平、增强学生英语综合应用能力以及培养学生跨文化交际能力的主要渠道，对于学生的发展以及社会的发展都发挥着至关重要的作用。随着社会经济发展和现代教育理念的不断变革，我国高等教育教学的指导思想和具体教学内容都发生了很大的变化。大学英语教学要走向有效，教师就要在教学中注重英语教学方法与策略的合理运用，使学生逐步掌握学习英语的科学方法，增强学生的创新意识，提高学生的创新能力，充分调动学生的学习英语的积极性，以更好地培养符合社会要求的英语人才。

本书是关于大学英语教学方法与策略方面的研究，首先对大学英语教学进行概述，然后介绍了人学英语教学中的常用方法并对大学英语教学方法的创新进行探究，最后分析了大学英语教学策略和基于语言学理论的大学英语教学策略。本书能为全方位培养高质量英语人才提供新思路，对大学英语教师及相关工作者有一定的学习和参考价值。

在本书的撰写过程中，参考和借鉴了部分学者和专家的研究成果，在此向其作者表示诚挚的谢意。由于知识水平有限，书中难免有疏漏与不妥之处，敬请广大读者批评指正。

目 录

第一章　大学英语教学概述

第一节　大学英语教学的基本概念

一、教育与教学的概念

（一）教育的概念

教育对人类的存在与发展起着重要的作用，这是因为教育既传承了人类的既有经验，又把单独的个体培养作为社会的组成部分。“教育”一词在汉语中可以分为两个部分：“教”和“育”，它们分别有“上施下效”“使之为善”之义。然而，英语中的 education（教育）则是指“导出”，教育的学术性定义正是基于这一语义而形成的。

学术界对教育的定义与分类有很多：①教育是纲领性的定义、规定性的定义和描述性的定义；②教育可以分为作为机构的教育、作为内容的教育、作为活动的教育和作为结果的教育；③教育是培养新生一代准备从事社会生活的整个过程，也是人类社会的生产经验得以继承和发扬的关键环节，主要指学校对适龄儿童、少年、青年进行培养的过程；④教育是传递社会生活经验并培养人才的社会活动，学校教育则是根据一定的社会要求和受教育者的发展需要，有目的、有计划、有组织地对受教育者施加影响，以培养一定社会所需要的人才的活动。

此外，我国还有不少学者试图给“教育”下一个准确的定义：①教育的真义就是价值引导与自主建构的统一。奠基于价值引导与自主建构相统一的教育，从学生的成长过程来说，是精神的唤醒、潜能的显发、内心的敞亮、主体性的弘扬和独特性的彰显；从师生共同活动的角度来说，是经验的共享、视界的融合和灵魂的感召；②教育是有意识的、以影响人的身心发展为直接目标的社会活动。

综合以上观点可知，教育是一种可以引导人类发展的活动。因此，教育的内涵必然涉及两个要素：引导与发展。引导说明教育是有目的的活动，“使之向善”是其最根本的目的。引导还说明教育不是强制性的活动，也不可能强制，如不可能强制学生掌握知识、技能和树立价值观。发展是指学生的发展，教育能否最终实现其目的，主要在于学生是否能得到与所设定目标一致的发展。

（二）教学的概念

教学是教育中的一个重要因素，既是一种基本因素，又是一种复杂因素。研究教育必然要对教学的相关概念有所了解。

对界定教学与教育之间的关系，最基本的说法就是教学是教育活动的一种，是发生在师生之间的一种学习活动。对学生来说，教学是借助教师的引导而发生的活动；对教师来说，教学是引导学生进行自主学习的活动。这些活动必须要有目的，以严密的计划来组织、引导学生学习。而判断教学是否成功的一个重要指标就是学生的身心能否得到全面发展。

师生之间的关系是教学活动中最重要的关系。教师传授自己的知识，学生进行学习并获得身心的全面发展。教师需要引导学生去主动学习知识技能，实现自身能力的提升，促进审美价值的实现，形成正确的人生观及价值观。这个过程需要教师和学生共同完成。师生是教学活动的双主体，如果没有教师的讲授，或者没有学生积极、主动地参与学习，那么就不存在教学活动。教与学必须统一在一起，才能实现教学活动。

从师生关系来说，教师起引导作用，学生起主导作用，二者相互作用共同完成教学任务。在学校教育的诸多任务中，教学始终是最核心的任务。它目标明确，即使每一门学科具有相同的教学目的，各自的教学目标也是不同的；而不同学段、不同学年、不同学期都会有教学目标的变化，且教材、活动、课文的变化也会引起教学目标的改变。

教学的目的就是传授人类的知识技能，也要把人类关于生存的各种经验向后代传递下去。因此，教学的内容一定要具体，把生存经验和知识技能都以具体的教学内容呈现出来。教学内容要有一定的层次性，这是因为教学是一种计划性、系统性教育活动，如教学计划、课程计划等，以这些形式来分层次呈现教学内容。这些计划的制定并不是随机的，而是教育机构、学校和教师经过长期科学的研究而得出的。

在当今社会中，教学的实施形式不再单一，而是会借助有效的教育技术或方法。教学的演变历史悠久，在实践的积累中形成了多种行之有效的方法。信息技术的快速发展，使得教学可以借助形式多样的技术得以实现。因而，教学必须有计划地教授系统内容，依照既定目标，依托有效的技术与方法，使教师能够引导学生学会知识、掌握技能、拓宽眼界，促进学生身心的全面健康发展。

二、英语教学的实质

一般认为英语教学只是语言教学，只要让学生能够自如地使用这门语言就可以了。但其实英语教学更是一种文化教学，还要让学生通过学习英语来研究英语文化，而不仅仅是会说英语。学习英语也是为了能够借助英语来研究相关知识，如学习古埃及语、古希腊语等，这些语言已经没人再使用，但依旧会有学者进行学习和研究。

要想研究英语，首先要学会英语。对我国的学生来说，中文是其母语，而英语是外语。回首各国外语教学的发展历程，如果学生已经初步形成了运用母语的能力，则在他们学习外语时一定要传授其外语知识，只有这样才能更好地使学生掌握和运用外语。所以，在英语的语言教学中，一定要把提高学生使用英语的能力放在首位。

英语作为语言的一种，也是承载文化的重要载体。因此，英语的教学本质上是文化的教学。

第二节　大学英语教学的理论基础

在大学英语教学中，教师采用的教学手段都是建立在一定的理论基础之上的。因此，大学英语教师需要掌握语言本质理论、心理学理论等相关理论。只有对这些理论有深入的了解与把握，才能在这些理论的基础上寻求恰当的教学方法。

一、语言本质理论

关于语言本质理论，不同的学者从不同的角度对其进行了分析和探讨，并且提出了自己的观点与见解。下面从转换生成语法理论、言语行为理论和系统功能理论三个角度出发做重点论述。

（一）转换生成语法理论

20世纪50年代，美国哲学家乔姆斯基（Chomsky）提出转换生成语法理论，对语言学进行了深层次的研究，尤其注重句法结构。当前，在西方语言学中，转换生成语法理论仍然具有非常大的影响力。

1. 转换生成语法理论概述

自诞生之日起，转换生成语法发展迅速，其发展过程大致可以划分为四个阶段。

（1）经典理论阶段

语法包括三大组成部分，即短语结构、转换结构和形态音位。

第一，短语结构，由很多“A→B+C”的改写规则构成。

第二，转换结构，即一系列的转换规则，并且每一条规则都包含两个步骤：一是分析；二是变化。

第三，形态音位，由形态音位规则构成。形态音位规则又被称为一系列的改写规则。

在这一阶段，乔姆斯基认为语法学有着自己的系统，不能将“有意义”等同于“合乎语法”，这两个概念有着本质区别。

(2) 标准理论阶段

随着转换生成语法研究的深入，经典理论逐渐显露出自身的缺陷：许多句子从表面上看是合格的句子，但是在语义上并不合格，甚至解释不通。鉴于此，乔姆斯基经过慎重考虑，将语义关系融入语法研究中。具体而言，标准理论模式可以用图1—1表示。

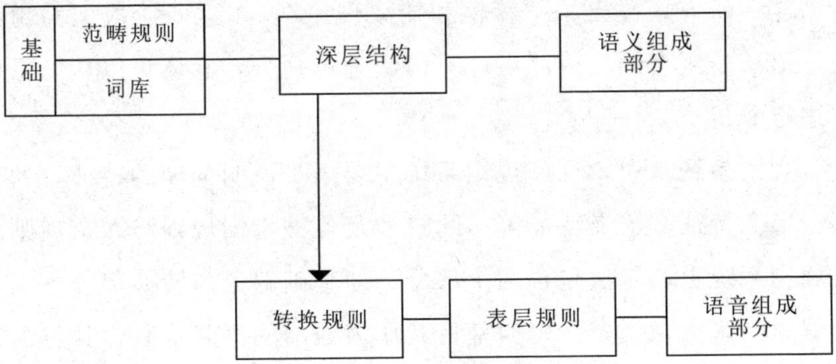

图1—1 标准理论模式

乔姆斯基的标准理论模式包含三个部分，即句法部分、语音部分与语义部分。其中，句法部分包含基础与转换两个部分，基础又包含范畴与词库两个部分。句法部分对句子的结构进行了规定，并将其分为表层结构与深层结构，前者输入语音部分，通过语音规则得到句子的语义表达；后者输入语义部分，通过语义规则得到句子的语义表达。转换对语义并不会产生影响，通过转换获得的表层结构与语义解释之间也并不存在关联性，但是深层结构能够将所有的语义信息呈现出来。

(3) 扩充式标准理论阶段

由上文可知，乔姆斯基的标准理论模式将深层结构与语义相关联，并指出表层结构与语义无关。但是，在下面的表述中，表层结构能够对语义产生影响，甚至转换也会在某种程度上改变语义。

第一，否定词顺序、逻辑量词顺序会影响语义。

第二，疑问转换会影响语义。

第三，转换改变句子的语义。

第四，"only""even"等词在句子表层结构的位置不同，语义解释也会随之发生相应的改变。

考虑到以上问题，乔姆斯基对标准理论进行了完善，形成了“扩充式标准理论”。

（4）管辖和约束理论阶段

上述乔姆斯基的解释遭到了很多人的质疑，因此乔姆斯基又对语法进行了深入研究，提出了“管辖和约束理论”。在这一阶段，乔姆斯基认为，语法是组合的，因此可以对语法进行划分，具体可以从以下两大系统进行分析。

就规则系统来说，词库规则系统主要用于说明词项的特征，如语音特征、形态特征、语义特征等，同时涉及各种构词规则与冗余规则。在句法规则系统上，句法包含两个部分，即基础部分与转换部分。

就原则系统来说，乔姆斯基将其作为当前的研究重心，其包含很多理论，如X—阶标理论、管辖和约束理论等。

2. 转换生成语法对大学英语教学的意义

在转换生成语法中，转换是句子派生过程中某一个特定阶段必须使用的手段。在使用中，深层结构属于输入手段，表层结构属于输出手段，而且具备相同深层结构的句子关系非常密切。总体来说，转换生成语法具备化简单为复杂、化复杂为简单的双重能力，教师与学生可以借鉴这一理论，以便提升教师的“教”与学生的“学”的水平。

实际上，在大学英语教学中，语法是较难理解的，并且往往比较抽象和枯燥。如果教师能够借鉴转换生成语法理论，化复杂为简单，那么学生就容易理解，对知识点也会掌握得更加扎实。

此外，在大学英语教学中，每个班级的水平不同，同一班级的学生的水平也不一样，并且很多学生对英语学习缺乏兴趣，因此教师需要尝试任何能够激发学生学习兴趣、化繁为简的教学方法。转换生成语法理论虽然具有高度的抽象性，但是其深层结构与表层结构可以通过树形图来表达，进而使学生更容易理解句子成分之间的关系。

（二）言语行为理论

在早期哲学家们的论述中，已经存在对言语行为的研究。随后由于语言学家们的关注，言语行为理论的地位越来越凸显，并对人类的交际活动产生了巨大影响。

1. 言语行为理论概述

在语用学研究中，言语行为理论是其核心理论之一，尤其是奥斯汀（Austin）与塞尔（Searle）的研究，对言语行为理论的形成与发展具有重要意义。

（1）奥斯汀的言语行为理论

作为言语行为理论的初创者，奥斯汀的贡献主要有如下两大项。

①表述句和施为句

奥斯汀认为，表述句是对有所述之言的句子加以表达，目的在于指导行动；施为句是对有所为之言的句子加以表达，目的在于行动与实施。

表述句的功能在于对某一信息进行陈述与描写。在日常使用过程中，表述句并不是随意的，其具有一定的逻辑关系与语义关系。此外，表述句虽然存在真假，但是总体上都是为了实现交际。

施为句具有如下特征：

第一，一般现在时为常用时态。

第二，第一人称单数为主语。

第三，直陈式主动语态为常用语态。

第四，当与“here”“by”等副词搭配时，可以检测出某一动词是否属于施为动词以及所在句子是否属于施为句。

第五，常带有明显的施为动词，其作用在于对发话人的话语行为加以描述与命名。

需要明确的是，要想恰当地运用施为句，达到理想的言语行为效果，需要满足以下几个条件：

第一，需要运用常规程序。

第二，在实施特定程序时，需要保证人物、条件等的恰当性。

第三，在实施时，交际双方必须完善与正确地执行。

第四，在实施时，发话人提出的话语需要对受话人产生影响，这样才能达到交际的目的。

②言语行为三分说

奥斯汀的言语行为三分说包括以言指事、以言行事、以言成事。

（2）塞尔的言语行为理论

塞尔对奥斯汀的观点进行了继承与发扬，并且加以创新，其对言语行为理论的发展具体体现在如下三点。

①言语行为的实施规则

塞尔认为，语言的运用会受一些规则的影响和制约。具体来说，主要包括两种规则：一是调解性规则，二是构成性规则。前者主要用于对旧有的言语行为与言语活动进行调节，后者主要用于对新的言语行为与言语活动加以限制。

②以言行事行为的类别

在塞尔看来，以言行事行为主要包含以下五大类：

第一，断言类，即发话人对某事进行表态，判断出话语真假，如断言、通知等。

第二，指令类，即发话人对某人发出指令，如请求、命令等。

第三，承诺类，即发话人对未来的行为做出承诺，如提供、承诺等。

第四，表达类，即发话人对某一话题进行陈述时表达自己的内心状态，如感谢、痛惜等。

第五，宣告类，即发话人表达的命题内容与现实一致，如辞去、宣告等。

③间接言语行为

这是塞尔对言语行为理论做出的重要贡献。使用间接的方式表达言语行为的话语就是间接施为句，该行为就是间接言语行为。在某些情况下，当发话人不能直接选择施为动词时，他们就会采取间接言语行为手段来达到自己的交际目的。

2. 言语行为理论对大学英语教学的意义

在奥斯汀之前的实证哲学家都认为，句子只能用于对某种情况、某种事实进行描述与陈述，只适用于正确或错误的价值。然而，言语行为理论明确指出，话语在现实中有着行事的能力，不仅强调发话人的主体作用，也强调听话人的反应，因此该理论在大学英语教学中有着重要的意义。

对于教师而言，言语行为理论的核心在于以言行事或以言成事，强调的是语言应该用于具体的实践中，语言研究的重点应该在语言运用上，而不应该在语言形式或句法关系上。这一理论为大学英语教学注入了活力，给予教师一些教育方法方面的启示。因此，可以将言语行为理论很好地融入具体的大学英语教学中，使教师从主导者转变成组织者或参与者，从而使学生能够积极主动地参与到课堂教学活动中。同时，这一理论要求教师在授课中做到题材、体裁广泛，内容具有新颖性，并且能够将跨文化背景知识融入其中，只有这样才能更好地让学生在知识、技能以及文化素养层面有所进步。

对于大学生而言，言语行为理论有助于他们第二语言的习得。众所周知，大学英语教学具有很强的实践性，高等教育的特点是以培养能力为中心，立足于实用与能力，因此大学英语教学培养出的学生也必须符合社会的需要。言语行为理论恰好与之相符，以这一理论为指导，学生能够充分调动自身的主观能动性，不断参与实践，在实践中取得进步。

（三）系统功能理论

英国语言学家韩礼德（Halliday）的系统功能语法理论在大学英语教学中有着十分重要的作用，既可以帮助学生挖掘文章字里行间的意义，又可以让学生理解作者的写作意图，从而挖掘学生的语言潜力，激发其语言学习兴趣。下面简要分析系统功能理论及其对大学英语教学的意义。

1. 系统功能理论概述

系统功能理论并不是一蹴而就的，而是经过不断摸索与逐步完善的。下面通过分析韩礼德在不同时期的学术活动来了解系统功能理论的建立与发展过程。

(1) 阶与范畴语法

韩礼德的学术活动是从研究汉语开始的，博士论文《〈元朝秘史〉汉译本的语言》和专著《现代汉语语法范畴》是其代表作。20 世纪 60 年代，韩礼德将研究重点从汉语转向了英语，其目的是建立普通语言学的描写模式，其研究成果在《语法理论范畴》一文中得到了体现。在该文中，韩礼德对语法描写的两大部分“范畴”和“阶”做了更为全面和成熟的阐述，对语言学界产生了重大影响，并且被公认为“阶与范畴语法”的发端。

①语言层次

对于描写语言时运用语言材料的方法，现代语言学认为有两种：一种是“语篇的”，也就是从分析具体语篇入手，由特殊到一般，这也是伦敦学派倡导的方法；另一种是“非语篇的”或“举例性的”，这种方法颇受美国结构主义学派的青睐。20 世纪 50 年代末，乔姆斯基提出转换生成语法理论。他认为转换生成语法模式可以替代上述两种途径，因为人们不必再采用真实的语言材料，只要借助规则就可以衍生出合乎语法的句子。在韩礼德看来，这三种方法在语言描写中都有一定的作用，但三者的目的和任务各不相同。实际上，转换生成语法理论只是对前两种方法的补充，而且描写本身并不等于理论。因此，韩礼德在美国讲学时，阐明了语言在语法层面的工作机制及语法与词汇之间的关系。

韩礼德认为，应在语言的各个层次上说明语言事实，因为层次不同，描写过程也有所不同。韩礼德提出了三个层次，分别是“实体”“形式”和“语境”。其中，实体层指“书面的”或“声音的”语言材料；形式层借助词汇和语法将实体组织成有意义的事件；语境界是形式与语言情境中非语篇特征的关系。

②范畴

韩礼德将语言分为四个范畴，即“单位”“结构”“类”和“系统”。语言是通过这四个范畴来说明语法形式的，具有高度的抽象性。这四个范畴之间相互联系，没有先后和主次之分。

具体而言，单位范畴是用来说明语言中具有语法模式的语段，在语言活动中某些语段表现出有意义的规律性。语段有大有小，这种大小指的是形式关系，不以数字的多少或朗读时间的长短来衡量。针对英语，韩礼德提出了“句”“小句”“词组/短语”“词”和“词素”五个单位。此外，单位范畴的特征之一是呈现一定的模式。就语言活动而言，模式具有直线性和重复性特征。

在语法中，用来说明在连续情况下事件之间相似性的范畴就是结构范畴。在连续情况下事件之间呈现组合关系，而结构就是组合关系模式的最高抽象。表面上结构是由文字呈线性形式组成的，实际上组成成分之间的形式关系是“顺序”而不是“序列”。

类范畴是按照上层单位的形式确定的，也就是说类范畴的识别必须结合它在上一级单位结构中的活动情况，因为它说明的是聚合关系。

系统范畴的目的是说明在一系列类似项目中为何出现这一个项目而不是另一个项目。

③阶

上述四个范畴之间的关系以及它们与材料之间的关系涉及三个具有显著区别的“阶”，分别是“级”“说明”和“精密度”。其中，级阶的含义是“包括”，相当于等级体系的概念，具体是指沿着单一的方向由高层次单位向低层次单位移动。级阶中具体包含多少单位，往往因具体语言而异，理论上可以只有两个单位。说明阶能够将理论框架中高度抽象的范畴与语言资料联系起来。精密度阶是一个连续体，一端是结构和类范畴中的基本等级，另一端是对该等级不能再细分的语法关系，是从选择的最一般的系统进入最具体的系统，用于表示范畴的区别或详细程度。精密度阶可看作组织词汇与语法的一般原则，确切地说是词汇与语法中分配信息的原则。

（2）系统理论

1966年，韩礼德在《深层语法札记》中提出，语义的深层应当是可以进行语义选择的系统，也就是说深层语法应当是系统语法。在叶尔姆斯列夫（Hjelmslev）的理论体系中，“系统”也指聚合的概念，是“相关关系的等级体系”。由此可见，系统是对集合轴上关系的表述，是在一定环境下可以进行对比的特征集。对系统中的功能进行解释时，要将系统置于整个格局中，如在一个具有三种时态的系统中，“过去”要与“现在”和“将来”进行对比。韩礼德认为，如果按照这种方式表示聚合关系，那么语言项目中的整个语法描写应包含结构和系统两个部分。其中，系统描写仅是语言项目的一种表达形式，只能用于补充，而不能代替结构描写。下面简要介绍韩礼德对系统理论的三次修正。

第一，对系统理论的第一次修正。按照伦敦学派的传统系统理论，特征是“无序”的，但是韩礼德认为采用精密度阶理论可以使特征呈现有序性。在系统描写中，如果一对系统中的一个系统的特征出现在另一个系统中，那么这两个系统就是等级的；如果两个系统呈等级次序，那么这些系统的特征也应是有序的。例如，“陈述式/疑问式”系统和“陈述式/祈使式”系统存在等级关系，如果要在“陈述式/疑问式”系统中进行选择，首先要在“直陈式/祈使式”系统中选择“直陈式”。

第二，对系统理论的第二次修正。在上述讨论的基础上，韩礼德进一步提出了系统描写是否能成为表述的底层形式的问题，即结构描写是否能从系统描写中衍生。如果可以，那么结构就成为可预见的了。将一个语言项目的系统描写作为该项目的底层语言表达，表示这一项目与其他项目的聚合关系有更为基本的特征，从中可以衍生出其内部（组合）结构。这样的底层语法就是以系统特征表示的“语义上显著”的语法，可以为诸语言项目的“相关性”提供一个聚合环境，并且在其他对比环境中发生作用。这样一来，系统的起始点就不再是结构，而是系统特征集合体的体现。

第三，对系统理论的第三次修正。韩礼德认为，音系层也能体现语法特征，因此在研究深层语法或系统语法时还应考虑音系层这一因素，尤其是语调和韵律。在组合表达中，这种特征被看作组合体上的结构成分。在不同的环境中，同一特征会有不同的体现，如同一特征在有些环境中由结构形式体现，在另外一些环境中则由语调体现。由此可以类推，某一语调形式在不同的环境中可以体现不同的特征。这说明语调在结构环境中是不能预示的，但是如果将语调作为系统特征的一个体现形式，那么语调在系统语法中就是可以预示的了。

（3）功能描写理论

韩礼德在研究系统理论框架的同时，着手探索功能描写的理论，下面对功能描写理论进行简要论述。

①系统与功能

韩礼德研究功能描写理论的主要目的是探索系统网络中应包含哪些系统，以及各个系统的起始点是什么。韩礼德最初是通过系统语法来说明语言的组合关系与聚合关系的，因此功能描写理论中首先要说明的是语法单位，尤其是对小句的功能描写。韩礼德认为，从完整的小句出发应同时包括及物性系统、语气系统和主位系统三个系统，其中及物性系统与小句中表示的过程类型有关，过程又涉及参与者、属性和环境。

②功能与用途

韩礼德最初的功能描写理论存在明显的不足之处，如及物性系统、语气系统和主位系统都是功能的概念，但是在系统网络中的起始点是小句，这才是语法上的结构单位。因此，韩礼德在1970年发表的《语言结构与语言功能》一文中，从语言的本质角度进一步阐释了语言结构和语法功能的关系。韩礼德指出，语言的本质与人们对它的要求以及它反映的功能有关，包括概念功能、人际功能和语篇功能。这三项功能都属于元功能，是构成语义层的主要部分。至此，韩礼德将功能描写理论与语义学联系在了一起，是功能描写理论的重大突破。

2. 系统功能理论对大学英语教学的意义

在大学英语教学中，教师往往会根据社会和学生的需要不断探索新的教学模式与方法，各种教学模式与方法在教学实践中也发挥了作用。但是不得不说，每一种教学模式或方法都存在不足之处，仍须完善。

以韩礼德为代表的系统功能理论不仅讨论了语言在社会生活中的各个外部功能，还着眼于语言的内部结构，并将社会因素考虑在内，这体现了语言的本质。将系统功能理论的三大功能运用于大学英语教学中，有助于调动学生的兴趣和积极性，使学生从“要我学”转向“我要学”，从而不断提升学生的听、说、读、写、译能力，使其更适应社会的需要。

二、心理学理论

（一）行为主义心理学

行为主义学习理论最初来源于俄国生理学家、心理学家巴甫洛夫（Pavlov）的“条件反射”概念。20世纪初，美国心理学家华生（Watson）创立了行为主义学习理论，之后，美国学者斯金纳（Skinner）对华生的行为主义学习理论进行了继承和发展。

1. 华生经典行为主义理论

华生把有机体应付环境的一切活动称为“行为”，行为的基本成分是反应。反应又分为习得的反应和非习得的反应，前者包括个体一切复杂习惯和个体的一切条件反射，后者则是指个体在条件反射和习惯方式形成之前的婴儿期做的一切反应。华生将引发有机体反应的外部和内部的变化称为“刺激”，而刺激必然属于物理的或化学的变化。任何复杂的环境变化，最终总是通过物理变化或化学变化转化为刺激，进而作用于人的身上。换句话说，刺激和反应都属于物理变化或化学变化，由此便形成“刺激—反应”（stimulus-response，S-R）公式，通过刺激可以预测反应，通过反应又可以推测刺激。

华生认为，学习就是以一种刺激替代另一种刺激建立条件反射的过程。在他看来，人类出生时只有几个反射和情绪反应，所有其他行为都是通过条件反射建立新的刺激—反应连接而形成的。华生主张心理学应该摒弃意识、意象等太多主观的东西，只研究观察到的并能被客观地测量的刺激和反应，而无须理会中间环节。他认为人类的行为都是后天习得的，环境决定了一个人的行为模式，无论是正常的行为还是病态的行为都是经过学习而获得的，因此这些行为也可以通过学习来更改、增加或消除。他提出，查明了环境刺激与行为反应之间的规律性关系，就能根据刺激预知反应，或根据反应推断刺激，从而达到预测并控制动物和人的行为的目的。华生还认为，行为是有机体用以适应环境刺激的各种躯体反应的组合，有的表现在外表，有的隐藏在内部。在华生看来，人和动物没什么差异，都遵循同样的规律。

2. 斯金纳新行为主义理论

斯金纳于1957年发表了《言语行为》一书，从行为主义角度对言语行为系统进行了分析。斯金纳认为，人们的言语以及言语中的各个部分都是在受到内部或外部的刺激的情况下产生的。具体来说，斯金纳提出了“操作性条件反射”的观点，这一观点强调语言学习是一个不间断的操作过程，即发出动作然后得到一个结果或一个目的，这一动作就称为“操作”。如果这一动作的结果是满意的，操作者就会重复“操作”，这时“操作”便得到了“强化”，称为“正向强化”。儿童的语言学习过程正是这样一个不间断的操作过程，才使得语言行为逐步形成。

斯金纳认为，在某一语言环境中，他人的声音、手势、表情、动作等都可以成为强化的手段。例如，教师可以通过表扬、肯定、满意的表示，使学生的某种言语行为得到强化。只有言语行为不断得到强化，学生才能逐渐养成语言习惯，学会使用与其语言社区相适应的语言形式；

如果没有得到强化，语言习惯就不能形成，也就不能学习到语言。可以说，在学习时，只有反应“重复”出现，学习才能发生。因此，“重复”在学习中的作用是不容忽视的。

通过上述介绍可以看出，行为主义学习理论的形成主要基于以下六个观点。

第一，语言是一种习惯，是人类所有行为的基本部分，是在外界条件的作用下逐步形成的。

第二，在语言习得和语言学习过程中，外部影响是内在行为变化的主要因素。因此，语言行为和习惯是受外部刺激的影响而发生变化的，而不是受内在行为的影响。

第三，儿童习得和学习语言的过程是按照操作制约的过程进行的，即“发出动作—获得结果—得到强化”。这也是儿童习得语言的最基本的客观规律。

第四，学习是刺激与反应的连接，其基本公式为S-R。也就是说，有怎样的刺激，就会有怎样的反应。

第五，学习过程是一种渐进地尝试错误的过程。因此，学习进程的步子要小，认识事物要由部分到整体。

第六，强化是学习成功的关键。语言行为需要正向强化才能形成并得到巩固。正向强化主要是指学习上的成就感及他人的赞许和鼓励，是促使学生形成语言习惯的重要的外部影响因素。

当然，行为主义学习理论也有很多不足之处，如它完全否认人类学习的内在心理机制，忽视了人类的主观能动性，难免会走向机械主义和环境决定论，因此受到了认知主义学习流派的批评。尽管如此，行为主义心理学的研究对英语教学仍有着重大影响，这些影响明显体现在实际的英语教学实践中。例如，在语言学习的初级阶段，学生的不断观察、模仿和实践就是遵循了行为主义学习理论。在英语教学的初级阶段，反复操练被看作语言学习的一个重要且有效的手段，并得到了广泛的应用。

（二）人本主义心理学

人本主义学习理论起源于二十世纪五六十年代在美国兴起的一种心理学思潮，被称为“心理学的第三势力”。人本主义心理学并不是形成于对学习和学习过程的研究，而是从临床心理学家、社会工作者、心理咨询工作者等一些对人类行为的基本原理和基本假设持有相似观点的心理学家的应用研究中产生的。人本主义心理学的主要发起者是马斯洛（Maslow），近年来影响较大的代表人物是罗杰斯（Rogers）。他们认为，教育能够为学生提供一个心理环境，这个环境充满人情味，学生能够在这个环境中得到辅导并将其固有潜能充分地发挥出来。下面介绍包含马斯洛和罗杰斯的学习动机论、学习类型论和学习实质论。

1. 学习动机论

人本主义心理学的动机论是以马斯洛的“需求层次论”为基础的。马斯洛从人的自我实现需求出发，将人的需求从低级到高级分为五个等级：生理需求、安全需求、社交需求、尊重需求、自我实现需求。其中，自我实现需求指的是人类把自身的潜在东西变成现实的东西的基本倾向，是最高层次的需求。自我实现是对天赋、能力、潜力等的充分开拓和利用。马斯洛认为，人具有“自我实现”的动机，有“自我实现”需求的人总是致力于他们认为重要的学习和工作。

以马斯洛的需求层次理论为基础，罗杰斯提出了“自我实现”的三个阶段，具体如下。

第一，“映射”阶段。在这一阶段，人的自我发展是由外界要求的“映射”产生的。例如，学生说：“我要努力学习，因为教师这样要求我们。”

第二，混乱阶段。当学生有一定的自我意识时，教师对学生的要求往往与学生自己的观点产生矛盾，结果造成学生无所适从，处于混乱阶段。

第三，自我实现阶段。当学生的自我意识占据主导地位并认识到自己的价值和能力时，学生便能独立地、创造性地做出判断和决定，从而实现自己的愿望。

此外，马斯洛还针对如何使学生具备“自我实现”的学习动机的问题提出了许多策略性的建议，主要包括以下几点：

第一，避开过去。学生在学习时，应将全部身心投入学习中，并排除先前事件的影响。特别是对于基础较差的学生来说，如果他们总是持有“我以前学得不好”的观念，那么他们就会停滞不前，不能取得进步。

第二，保持积极接受的态度。所谓积极接受的态度，是指学生在学习时，既要全神贯注、独立思考，又要虚心接受别人的意见。马斯洛指出，当个体以非干扰和安全接纳的方式与他人相处时，就能感受到更多东西。因此，学生之间的互帮互学十分重要。

第三，防止两种心理障碍：一是“低俗化”，即自以为看透所有世俗，不相信神圣的、美好的东西；二是“约拿情结”，即那种畏惧美好和神圣事物的心理障碍。

2．学习类型论

罗杰斯将学习分为两类，即无意义学习和有意义学习。

（1）无意义学习

罗杰斯认为，无意义学习只涉及心智，不涉及人的感情或个人意义，与完整的人无关。无意义学习类似于无意义音节的学习，学生要记住这些无意义音节是一项比较困难的任务，因为它们是枯燥乏味、无关紧要、很快就会被忘记的东西。在罗杰斯看来，学生在课堂上学习的内容，有许多对学生来说都具有这种无意义的性质。几乎每个学生都会发现，他们的课程中有很大一部分内容对自己是无意义的。

（2）有意义学习

有意义学习不仅是一种增长知识的学习，而且是一种与每个人各部分经验都融合在一起的学习，也是一种使个体的行为、态度、个性以及行动方针的选择发生重大变化的学习。例如，一个五岁小孩迁居到另一个国家，在不进行任何语言教学的情况下，让他每天与新的小伙伴们一起自由地玩耍，他在几个月内就会掌握一种新的语言，还会习得当地的口音。其原因就在于他是以一种对自己有意义的方式去学习新语言的，所以学习速度极快。倘若请一个专门的语言教师去教他，在教学过程中使用对教师有意义的材料，那么他的学习速度将会极其缓慢，甚至停滞不前。

罗杰斯认为，有意义学习能将逻辑与直觉、理智与情感、概念与经验、观念与意义等结合在一起。罗杰斯还提出，有意义学习包括四个要素：

第一，学习具有个人参与的性质，即整个人的认知和情感都投入学习活动之中。

第二，学习是自我发起的，学生基于内在的愿望主动去探索、发现和了解事件的意义。

第三，学习是渗透性的，能够使学生的行为、态度乃至个性发生变化。

第四，学习是由学生自我评价的，学生自己评价自己的学习需求、学习目标是否完成等，因为只有学生最清楚某种学习是否满足自己的需要、是否有助于获取他想要知道的东西、是否有助于明了自己原来不甚清楚的某些方面。

3. 学习实质论

人本主义心理学指出，学习的实质是形成与获得经验，学习的过程就是经验的形成与获得的过程。在人本主义心理学的基础上，人本主义学习理论从以下四个方面来解释学习的实质。

（1）学习即形成

人本主义学习理论重视学习方法的学习和掌握，强调在学习过程中获得知识和经验。在实际学习过程中，很多有意义的知识或经验不是从现成的知识中学到的，而是在做的过程中获得的。学生通过参加学习活动，进行自我发现、自我评价和自我创造，从而获得有价值的、有意义的经验，获得如何进行学习的方法或经验。因此，最有用的学习是学会如何进行学习。

（2）学习即理解

人本主义学习理论指出，个人的学习不是机械的刺激和反应之间的连接的总和，而是一个心理过程，是个人对知觉的解释。例如，具有不同经验的两个人在知觉同一事物时，往往会出现不一致的反应，这是因为两个人对知觉的解释不同，他们认识的世界以及对这个世界的反应也不同，并非所谓的连接的不同所致。因此，要了解一个学生的学习过程，关键是要了解学生对外界情境或刺激的解释，而不是只了解外界情境或外界刺激。

（3）学习即潜能的发挥

人本主义心理学家认为，人类具有学习的自然倾向或内在潜能，人类的学习是一种自发的、有目的、有选择的学习过程。人本主义学习理论将学生看作一个有目的、能够选择和塑造自己行为并从中得到满足的人。因此，教学的任务就是创设一种能够有效激发学生学习潜能的情境，以使学生的潜能得到充分发挥。罗杰斯强调，教学要以学生为中心，教师的任务是帮助学生增强对自我和变化的环境的理解。同时，学习过程应该是一个愉快的过程，在教学中不应将强迫、惩罚以及种种要求或约束作为促进学生学习的方法。

（4）学习是对学生有价值的学习

马斯洛和罗杰斯都强调，学习的内容应该是对学生有价值、有意义的知识或经验。罗杰斯认为，只有当学生真正地了解所学内容的用处时，学习才能成为最好的、最有效的学习。通常来说，学生感兴趣并认为是有用处、有价值的经验或技能比较容易学习和保持；而那些学生认为是价值小且效用不大的经验或技能通常学习起来很困难，也容易遗忘。因此，教师要尊重学生的兴趣和爱好，尊重学生自我实现的需要，在课程内容的设置上给学生以充分的自由，允许学生根据自己的兴趣和爱好以及自我需要来选择相关的学习内容。

（三）认知心理学

认知学习理论是通过研究人的认知过程来探索学习规律的学习理论。认知学习理论倡导者认为，学习就是面对当前的问题情境，在内心经过积极组织，从而形成和发展认知结构的过程。同时，他们认为“刺激—反应”之间的联系是以意识为中介的，强调认知过程的重要性。认知学习理论的代表人物有很多，瑞士心理学家皮亚杰（Piaget）是其中最具代表性的一位。

皮亚杰创立了日内瓦学派和信息加工心理学，即运用信息加工的观点来研究人的认知活动。皮亚杰认为，无论一个人的知识多么高深、复杂，都可以追溯到他的童年，甚至是胚胎时期。皮亚杰的理论试图以认知的社会、历史根源以及认知依据的概念和“运算”的心理起源为依据来解释认知，尤其是科学认知。在皮亚杰看来，人出生以后如何形成认知、发展思维，受哪些因素制约，各种不同水平的智力及思维结构是如何先后出现的，都值得研究。因此，他的研究主要集中在两个方面，即认知发展的阶段理论和认知发展的机制。其中，认知发展的阶段理论产生了广泛的影响。

皮亚杰从认知图式的性质出发，将儿童的认知发展划分为以下四个阶段。

1. 感知运动阶段（0～2岁）

在这一阶段，儿童处于智力与思维萌芽的时期，主要靠感觉和动作来认识周围世界。

2. 前运算阶段（2～7岁）

在这一阶段，儿童脑海里开始有事物的表象，并且能够用词代表头脑中的表象，认知开始具备符号功能。需要注意的是，尽管这一时期的儿童能够进行初级的抽象，并且能够理解初级概念以及期间概念，但是在他们的认知结构中，知觉表象仍然是占有优势的，他们的主要思维形式仍然是形象思维和直觉思维。

3. 具体运算阶段（7～11 岁）

在这一阶段，儿童的思维水平有了实质的变化，其认知结构中有了抽象的概念，同时他们具备了一定的逻辑推理能力。此时，借助具体事物和形象，儿童可以进行一定程度的推理。

4. 形式运算阶段（11～15 岁）

在这一阶段，儿童逐渐摆脱了具体实践经验对推理的控制，能够做到不借助具体事物而做出符号形式的推理假设。

此外，在影响人的心理发展的因素方面，皮亚杰认为成熟、练习和经验、社会性经验、平衡化是其中的基本因素。

总的来说，认知心理学冲破了行为主义对心理学的禁锢，对原先无法探测的大脑活动过程进行了科学的抽象，将之简化为可以直接观察的心理模型，通过客观方法研究更加高级、更加复杂的认知活动，使人类对自身的认识向前推进了一大步。

第二章　大学英语教学中的常用方法

对于当代大学生来说，学习英语的目的不能仅局限于通过各项考试，而应该在于运用英语进行交际。同时，当前的新形势也对英语教师提出了更高的要求。英语教师不能再单纯依赖传统的教学方法与途径，而应该积极发挥个人的主观能动性，不仅做到“传道、授业、解惑”，还要积极探寻英语教学与学习的规律，帮助学生接受英语、理解英语，从而真正地学会并能熟练地应用英语。

第一节　语法翻译法与直接法

一、语法翻译法

语法翻译法是英语教学的一种方法，其以翻译和语法学习为主要的教学活动。语法翻译法为欧洲教授拉丁语和希腊语的传统方法。这种方法从 19 世纪开始应用于教学现代语言，如法语、德语和英语，至今还在许多国家应用。

(一) 语言和语言学习的观点

语法翻译法把目标语（英语）看成一个规则系统，这一规则系统能从在文本和句子中了解到，并与母语规则和意义有联系。语言学习被视为智力活动，这种智力活动涉及规则学习、规则记忆和以大量翻译方式与母语意义相联系的操作。

(二) 教师的教学目的

按照使用语法翻译法教师的理解，学习英语的主要目的是通过学习英语来培养其阅读文学作品的能力。为达到此目的，学生必须掌握英语的词汇和语法规则，以便能运用其进行翻译。教师还相信，在学习英语的过程中，通过背诵语法规则、背诵词汇、应用语法规则做翻译练习，学生可以得到很多逻辑、思维的训练，从而使智慧得以提升。

（三）主要的教学活动和特点

语法翻译法主要的课堂教学活动包括：对整篇课文大意的译述，把英语课文逐句译成母语的活动，对课文中语法规则做演绎式的讲解，以及直接阅读课文以加深对课文的理解等活动。

如果在一个以语法翻译法为教学方法的课堂上听课，教师在教授《最后一课》时，课堂活动很可能会做如下设计：

第一，教师会用母语把文章的作者和写作背景做一个简单介绍，接着教师会对文章大意进行译述，以使学生对文章的整体有一个初步的理解。

第二，对课文进行逐句翻译。一般来说，在翻译之前，教师会带读单词表里的单词，以使学生知道单词的发音和意义。在逐句翻译的时候，教师会先朗读句子，然后用母语解释词的意义、短语的意义和句子的意义。碰到语法方面（包括词法、句法及惯用法）的问题，教师会比较详细地解释语法现象、规则和用法，并举例加以说明。逐句翻译和语法讲解是语法翻译法课堂教学的中心活动，它占去课堂活动的大部分时间。

在讲解清楚语法和翻译完课文的基础上，教师还会让学生直接阅读课文，并做一些阅读理解的练习以加深对课文整体的理解。阅读理解的练习多半以多项选择的形式出现。

到此为止，教师基本完成了一课的教学。教师还可以根据情况让学生做一些笔头的翻译练习。

（四）对学生能力的培养

语法翻译法重视词汇和语法的学习，强调阅读和写作两个方面能力的培养，而听、说能力并没有得到应有的重视。

（五）教学材料的设计

在语法翻译法的教材中，不少课文选自英语文学原著或文学原著的简写本、改写本，课文会按照语法现象和项目的出现顺序来安排，很多教材采用线性排列的组织方法。课文后一般编有语法项目的解释、练习，并有英语和母语对照的词汇表，词汇按阅读课文的需要来选择，通常选择生词或旧词新义。

（六）教师和学生的角色定位

在语法翻译法里，教师是课堂教学的权威、知识的传授者和课堂教学的组织者，学生在教学中接受教师的教导并按教师的指示去做。

（七）母语的作用

母语在语法翻译法中是教学语言，教师用母语翻译外文，进行语法讲解，并用母语回答学生的提问。

（八）教师对待错误的态度

由于使用语法翻译法的教师重视语言准确性的培养，他们期待学生能在翻译方面达到较高的水平，因此，他们对学生的错误会及时纠正并为学生提供练习的正确答案。

二、直接法

直接法是英语教学的一种方法，具有以下特点：①只使用目标语进行教学；②意义通过语言、动作、物体等手段结合情境来表达；③先教说，后教读、写；④用归纳法讲授语法。

直接法在 19 世纪末是作为对语法翻译法的批判而创立的。

（一）语言和语言学习的观点

主张直接法的学者认为口语是第一性的，而非笔头语。所以学生应学习日常使用的目标语。英语学习和母语学习相似，语言学习过程可用联想心理学解释。因此，可以将英语教学与教室、家庭、街道等不同环境中的实物、人物等联系起来。

（二）教师的教学目的

使用直接法的教师旨在培养学生使用英语进行交际的能力。虽然听、说、读、写四种技能都要培养，但在入门阶段的重点放在对学生口语能力的培养方面。为了更好地达到运用英语进行交际的目的，学生应学会用英语进行思维，只有这样，才能摆脱母语的干扰，无障碍地用英语表达自己的思想。

（三）主要的教学活动和特点

直接法主要得名于它主张在英语教学中将英语词语同它所代表的事物和意义直接联系起来。这种联系是直接的，不需要以翻译为中介。直接法的主要目的是培养学生运用英语进行交际的能力，而在初级阶段主要是口头交际的能力。因此，在直接法的课堂里，教学活动有如下三个特点：

（1）全英语的教学。教师用英语进行教学，并广泛使用实物、图画、手势、表情等直观手段对英语的词义和句子等进行解释，以使意义表达得更清楚。

（2）模仿、朗读和问答是主要的教学活动形式。这些活动有利于帮助学生更好地掌握正确的语音、语调以及培养学生的口头表达能力。由于直接法主张听、说、读、写同时进行，因此在突出听、说技能训练的同时，读、写也要从一开始就抓起来。

（3）教师要求学生在提问或对教师的问题作答时，均以完整的句子说出问句或答句，因为句子被视为口头交际的基本单位。

（四）对学生能力的培养

在直接法的课堂里，虽然听、说、读、写的训练一开始就已经出现，但是口语被视为基础，特别是在入门阶段，教师的工作重点是培养学生的口头交际能力。阅读和书写的练习都是根据口头练习的材料来设计的。由于对口头表达能力的重视，教师从一开始就十分重视训练学生标准的发音和扩大学生的词汇量。相比之下，对语法规则的学习和讲解往往会被忽略。

（五）教学材料的设计

主张直接法的学者在编写教材时，很注意使用“活语言”作为基本材料，在教材中安排讲授“日常用语”，以使学生能学用结合、学以致用。有些学者认为，按直接法的教学大纲编写教材是以情境（如教授“购物”“在银行里”等情境中使用的语言）或以某一话题为基础的（如教授谈论“天气”“地理”等话题的语言）。

（六）教师和学生的角色定位

虽然在直接法的课堂里教师主持所有的教学活动，但学生要比在语法翻译法中主动得多。教师和学生有着一种搭档（或伙伴）的关系，学生可以向教师提问和回答教师的问题，教师可以向学生提问和回答学生的问题。另外，学生也可以与学生之间进行对话并讨论问题。

（七）母语的作用

由于直接法强调语言形式同客观表象之间联系的直接性，认为在英语形式和客观表象之间不应加入相应的母语形式，否则母语将会成为学习英语的障碍，干扰英语的学习。因此，直接法主张全英语式教学，不应该在英语课堂中使用母语。

（八）教师对待错误的态度

从教学法简史中可知，直接法是在学者们对学生学习母语、运用母语进行观察研究的基础上建立起来的。学生在学习母语时，犯错误是不可避免的，父母却不会过多地指责学生，相反，他们会以不同的形式讲出正确的语言，让学生自己去纠正错误。使用直接法的教师对待学生的错误也如父母对待学生学母语时的错误一样，采用不同的方法让学生自己纠正错误。

第二节　情境法与听说法

一、情境法

情境法又称口语情境法，是 20 世纪 30 年代至 60 年代由英国应用语言学家创立的英语教学法。情境法的影响较大，现在许多学校仍在使用按它的原则编写出来的教科书、工具书和字典。虽然情境法和听说法有共同的理论基础，但是情境法也有不同于听说法的特点，即它强调语言在情境中的应用。

（一）语言和语言学习的观点

情境法的语言观是英国的结构主义。口语是语言的基础，结构是讲话能力的核心，应在情境中通过口头练习来学习语言结构。学习语言有三个过程，即接受语言输入，通过重复操练熟记语言并在实际练习中使之变为个人技能。很明显，行为主义的语言学习观是习惯形成理论。

（二）教师的教学目的

使用情境法的教师希望通过英语教学培养学生四种基本的语言技巧，即听、说、读、写的技巧。这些技巧是通过对语言结构的掌握获得的，而语言结构又是通过口语的训练来掌握的。

（三）主要的教学活动和特点

教学活动可以概括为：创设情境，学习语言；听说领先，反复操练；书面练习，巩固结构。

教师首先根据课本中提供的图画（情境）向学生说明将要学习的内容。其次是听力训练：听对话或课文的朗读（或录音）。由于教师要求学生合书而听，所以在这一阶段，学生只接触到声音符号和图画提供的信息，没有与文字符号打交道。最后，教师开始对课文或对话进行讲解，并要求学生弄懂新的词汇和语法结构。教师用英语进行解释，但碰到特别困难的词汇和结构时，也可以用母语讲解。在学生理解课文内容的基础上，教师指导学生对课文的重点结构进行操练。操练时，教师向学生提供一定的语言线索或情境，控制操练的内容，学生则按要求口头操练不同的语言结构。

在听、说练习的基础上，教师会安排笔头练习，好让学生把学到的语言结构加以巩固。笔头练习的形式包括回答问题、句型转换、造句等。

（四）对学生能力的培养

情境法的特点包括：①语言教学始于口语，材料在以书面形式呈现之前是口头讲授的；②一旦有了足够的词汇和语法基础，就会引入阅读和写作。通过解读这两个特点可以发现，虽然情境法的目标是培养学生听、说、读、写的能力，但是它强调的仍然是听、说方面的能力。在主张情境法的学者看来，口语是第一性的，是笔头语的基础，是在教学中应强调的方面。

（五）教学材料的设计

情境法的教材在编写方面有两个明显的特点：①按照语言项目的出现频率，选择词汇和语法项目，常用的先安排，先教授；②按照从简单到复杂的原则安排和组织教学内容。

《新概念英语》明确地体现了这两个编写原则。就词汇项目而言，它先覆盖常用词汇表中的2000个常用词，然后才教授一些较难和出现频率较低的词；就语法结构而言，先教授简单句，然后教授并列句，最后才是复合句。

（六）教师和学生的角色定位

在情境法的教学中，教师不仅是语言楷模，还是课堂活动的设计者和指挥官：作为语言楷模，教师以正确的英语设计学习的情境，教师的语言是学生模仿的标准；作为课堂活动的指挥官，对所有的课堂活动进行组织和控制；作为活动的设计者，在教学中需要认真观察学生的错误，然后考虑在下一堂课中应如何设计教学，以便帮助学生改正错误。

在学习的初级阶段，学生是一个模仿者，模仿教师的语言，按教师的指令去做。随着学生水平的不断提高，教师会鼓励他们多提问和多做一些控制性较少的活动，如对话。

（七）母语的作用

在情境法的课堂中，英语是教学语言，教师使用英语组织教学、解释语言项目和布置家庭作业。但在解释语言词汇或结构时，当碰到一些难以解释清楚的项目时，教师也会使用母语进行讲解，但教师不鼓励学生使用母语进行翻译。

（八）教师对待错误的态度

语音和语法方面的准确性是十分重要的。因此，在学习过程中应想方设法避免学生出现错误。一旦错误出现，教师应及时予以纠正，以便使学生养成良好的语言习惯。

二、听说法

听说法和直接法的共同之处是强调口语的第一性，强调口头能力的培养。但听说法也有自己的独特性，它认为语言是不同的，母语是英语学习的主要干扰，通过对比分析母语和英语各个层面的异同，可以预测学习英语时碰到的困难（困难来源于两种语言的差异）。听说领先，读写跟上，这可以说是听说法特点的一种表述。

（一）语言和语言学习的观点

听说法把语言看作一个系统，这个系统由在结构上相互联系用以表意的成分组成，这些成分是音素、词素、单词、结构和句型。因此，听说法在语言学理论方面是以结构主义作为其理论基础的。

在语言学习理论方面，听说法是以行为主义的学习理论作为依据的。按照行为主义言语行为的学习模式，语言技能的获得必须经过“刺激—反应—强化”这一过程。学生会对教师的语言（刺激）做出反应。教师应尽量强化正确的反应，使它们重复出现。由于语言学习被视为习惯的培养，教师会要求学生重复某些语言结构以加快习惯的养成。因此，句型操练在听说法中被视为一种有效的方法。

（二）教师的教学目的

使用听说法的教师希望通过教学培养学生使用英语进行交际的能力。语言是一种习惯，学习英语就要养成一种新的习惯。而要这样做，就需要超量地学习语言，通过大量的模仿、记忆和操练，熟练掌握各种语言结构（包括语音、语法和词汇的结构），在运用各种语言结构进行交际时能达到不假思索脱口而出的程度（或称为自动化的程度）。为能自动化地使用英语，学生必须克服母语的旧习惯对英语新习惯的干扰。

（三）主要的教学活动和特点

由于听说法重视口语教学，教材中的每篇文章均由对话开始，因此教授对话是听说法课堂的主要活动。听说法课堂的教学活动和特点可以总结为四步：①教授对话，听说领先；②跟读模仿，句句复述；③强化操练，掌握句型；④巩固口头，读写跟上。

为把对话教得生动活泼，教师可以通过不同的方式进行表演。例如，在一个听说法的课堂中，教师正在教授真空吸尘器推销员和顾客之间的对话。为了表演得生动逼真，教师一会儿把一个蝴蝶结放在头上扮演女顾客，一会儿又把蝴蝶结放在脖子前面扮演男推销员。

一般来说，教师会分两次对对话进行表演，以使学生听懂对话的内容，然后教师会要求学生一句一句地模仿跟读。如果遇到比较长的句子，教师会用逆向组句法来训练学生对难句的掌握。

多次的模仿和跟读后，教师、学生之间会表演对话。表演的形式可以是多样的，既可以由教师扮演对话的一方，全体学生扮演对话的另一方，也可以由一半学生扮演对话的一方，另一半学生扮演对话的另一方。无论跟读或对话，其目的都是使学生能背诵对话。

接着，教师会抽出对话中的一些句型进行句型操练。句型操练可以说是听说法中一个很有特色的训练项目。它可以是替换词型，也可以是句型转换型。做替换词型的操练时，教师可以先提供一个句子："I'm going to the post office."然后利用多媒体向学生展示一张银行的图像，接着说"I'm going to the bank."接着可以向学生展示不同的图像——药店、公园、餐馆，训练学生说出"I'm going to the drug store/park/restaurant..."。对于句型转换型的操练则更加灵活了，教师可以说出肯定句，训练学生说出否定句或疑问句；教师还可以说出两个句子，训练学生把它们合成一个复合句（定语从句、状语从句等）；教师也可以说出一个句子和提供一个情境，训练学生说出一个某种句型的句子（如倒装句、虚拟语气的句子、感叹句等）。句型操练是训练学生掌握各种句型、句子结构的一种行之有效的训练方式。只要教师运用得当，它会是一种效果很好的训练项目。

不管是模仿跟读还是句型操练阶段，教师对读得好、做得对的学生都会予以鼓励，教师会说"good"或"very good"，以此提高学生的学习积极性，促进学生良好习惯的养成。

通常来说，听说训练完成后，教师可以布置阅读和书写的练习，以提高听、说的效果。也就是说，在听、说训练完成后，教师才会让学生拿到或看到所学对话的书面形式，这大概就是很多人把听说法的具体操作总结成“听说领先，读写跟上”的原因。

（四）对学生能力的培养

创立听说法的学者认为口语是第一性的、文字是第二性的，良好的听说训练有利于读写能力的培养。因此，听说法强调听、说能力的培养，课堂的大部分时间都花在听和说的训练方面。教师很注意学生的发音和语调，不少教师还使用语言实验室加强听的训练，特别训练学生对不同音位的词对和句子的区分，教师还会使用语言实验室训练学生掌握正确的语音和语调。

（五）教学材料的设计

听说法教材的编写有两个较明显的特点：①按结构大纲来编写；②考虑学生的母语和文化背景，根据不同母语背景的学生的特点来编写。

在结构大纲里，对语言不同的层面（语音、语法、词汇）都有较详细的描述，各种结构都按由简单到复杂的顺序排列好，以供编写教材使用。因此，在听说法的教材里，可以看到有语音的训练项目（发好某一个音的要领、发音的示意图等）、语法结构的训练项目和词汇的训练项目。但最中心、最重要的项目应该算是句型的训练，这是因为支持听说法的学者认为，语言首先是言语，而言语应通过结构去学习。

语言是一套习惯，而语言又各有所异，因此，在学习英语时必须克服母语习惯的影响，养成英语的新习惯。要找出母语对英语学习的负面影响，使用对比分析方法，比较两种语言（母语和英语）各个系统（语音、语法和词汇系统）的异同，从而找出某一母语的学生在学习英语时会碰到的问题。因此，在编写教材时，编者会做两种语言系统的比较，比较母语和英语在各个层面的异同，并按照学生不同的情况、不同的母语等编写出不同的教材。

（六）教师和学生的角色定位

在听说法的教学中，教师不仅是学习英语的楷模，还是课堂活动的指挥官。学生是模仿者，他们时时在模仿教师的语音、语调，会尽自己的努力争取模仿得更像。课堂上的活动，不论是对话教学还是句型操练都是在教师的指挥下进行的。教师控制操练的速度，熟练掌握操练的程度，不仅可以鼓励学得好的学生，还可以对学生所犯的错误进行纠正。从这个意义上来说，听说法是一个教师起支配作用的方法。

（七）母语的作用

在听说法中，母语的习惯被视为学生学习英语过程中养成英语新习惯的干扰，因此母语不在听说法课堂中使用，英语是教学的主要语言。为了找出学生学习英语的难点，教师可以将母语和英语两个系统进行对比分析。根据对比分析的结果，母语和英语的不同点将构成学习上的难点。

（八）教师对待错误的态度

听说法认为，学习英语是掌握一种新的语言习惯，而习惯的形成主要靠正确的模仿和练习。因此，从学习英语的第一天开始，教师就要严格要求学生，要求学生做到理解正确、模仿准确、表达无误。教师应及时纠正学生的错误，使学生养成正确的英语习惯。

第三节　认知法与交际法

一、认知法

认知法是英语教学的一种方法，其所依据的观点是，语言学习是主动的心理活动而不只是形成习惯的过程。它强调的是学生在运用和学习语言特别是学习语法过程中的积极作用。

（一）语言和语言学习的观点

转换生成语法和心理语言学可视为认知法的语言和语言学习理论。

认知法认为，语言不是一套习惯的结构，而是一套受规则支配的体系；人类学习语言不是单纯地机械模仿，而是受规则支配的创造性过程。在学习理论方面，有认知理论的四个原则：①活的语言是受规则支配的创造性活动；②语法规则有其心理的现实性；③人类有独特的学习语言机制；④活的语言是思维工具。按照这些原则，语言教学应视为一个有意识学习的系统，新语言应在实际中呈现和实践，学习语言应在有意义的实践中进行。

（二）教师的教学目的

认知法的教学目的是培养学生实际运用英语的能力，它探讨怎样才能使学生掌握英语，以达到使用英语的目的。

（三）主要的教学活动和特点

认知法把英语教学过程分为三个阶段，即语言理解、语言能力和语言运用。

第一阶段主要是对语言进行理解的阶段。学生要理解教师讲授或提供的英语材料，明白语言规则并懂得它们的构成和用法。按照认知法的理论，语言规则的讲授可采用发现法。教师可提供易于使学生发现规则的语言材料，从已知到未知，引导学生发现和总结出语法规则。

第二阶段的教学主要是语言能力的培养。语言能力，必须在理解语法规则的基础上，通过有意识、有组织、有意义的操练来获得。操练形式是多种多样的，其中有些形式会与听说法的练习形式相同。但是认知法主张的是做表达思想感情的有意义的练习，而反对那种只重形式的机械性练习。练习的形式可以是看图说话、描绘情境、转述课文、造句和翻译等。

如果第二阶段的练习是紧扣课文、围绕课文的语言点进行且控制性较大，那么第三阶段的教学活动应该是控制性较小的、使学生享有更大自主权的交际性练习。通过多样化的交际性练习，培养学生运用语言材料进行听、说、读、写的能力，特别注意培养学生真实的交际能力。

交际性的练习可以是按指定的情境进行交谈，如围绕在商店购物、在医院看病、在餐馆用餐的环境中进行交谈；也可以是按指定的题目进行叙述和讨论。交际性的练习可以是口头的角色扮演，也可以是书面的作文和翻译。不管其形式如何，第三阶段的交际活动是以学生为中心的，教师处于从旁指导的地位。

（四）对学生能力的培养

尽管认知法主张听、说、读、写齐头并进，但它过分强调规则的指导作用和成人学习英语的特殊性，因此对语音、语调方面要求的严格程度稍逊于学生的理解能力和自学能力。

（五）教学材料的设计

认知法的教材按有利于培养学生发现和理解语言规则的原则来设计。教材中包括反映英语在不同情境中使用的电影、录像和录音等材料，以便使教师在教学时能对不同的语言结构进行不同形式的操练，并创造英语环境让学生进行交际的操练。

（六）教师和学生的角色定位

认知法认为，在英语学习中，教学活动应以学生为中心，只有激发学生对英语的兴趣，激起他们学习上的动力，教会他们正确的学习方法，他们才能积极、主动和有创造性地学习英语。因此，在英语教学中教师是导师，引导学生解决学习上的问题，引导学生发现语言规则，创造情境让学生操练语言规则；学生是英语积极的使用者，他们在教师的指导下，发现语言规则、理解语言规则，并在大量的交际活动中创造性地运用这些规则。

（七）母语的作用

主张使用听说法的学者重视语言的差异性，而赞同认知法的学者则重视语言的普遍性和共同性。他们认为，成年人学习英语可以利用自己在母语学习中已掌握了的语法知识、概念和规则为英语学习服务，进而促进英语学习。因此，母语应该在英语教学中使用，它可以用来讲解语法规则和语言现象。与此同时，支持认知法的学者也意识到母语和英语在结构上存在着差异，母语的过多使用必然会干扰英语的学习。因此，他们认为母语的使用要适量和恰当。一般来说，在教学的第一阶段，即语言的理解阶段可多用母语，在第二阶段和第三阶段应多用英语。

（八）教师对待错误的态度

支持认知法的学者认为，语言习得是按照“假设—验证—纠正”的过程进行的。在语言习得的过程中，出现错误是难免的，也是很自然的。学生的错误可能由各种原因造成，母语干扰、教学不当或英语内部某些成分相互干扰都会造成错误。所以，对错误要做具体分析，找出原因，给予必要的指点并提出纠正的方法。但在交际过程中，由于不熟练、疏忽或某些语言项目未习得而出现的错误，只要不影响交际，教师就不必打断学生说话而进行纠正，以便创造一种轻松愉快的交际气氛，让学生更好地使用语言。

二、交际法

交际法又称功能法或功能—意念法，产生于20世纪70年代初期的欧洲，英国学者为创立交际法做出了杰出的贡献。交际法是人们深入研究语言功能的结果，标志着在英语教学中人们开始从只注意语言形式和结构的教学转向注意语言功能的教学。

（一）语言和语言学习的观点

交际法视语言为交际工具，因此，英语教学的目的是培养学生的交际能力。一个掌握了语言交际能力的人，不仅懂得语言的结构，而且还知道在什么时候、什么场合、对什么样的对象得体地使用语言。在语言教学中，学生不但要学会结构，更重要的是学会使用结构、掌握语言功能。强调交际中意义的传递、语言的使用是交际法的特点。

交际法的语言学习理论依据可以从其实践中了解到，可将它们归纳为三个原则：交际性原则、任务性原则和意义原则。交际性原则认为，涉及真正交际行为的活动能促进语言学习；任务性原则指出，使用语言进行有意义的活动能促进语言学习；根据意义原则，对学生有意义的语言能促进语言学习。按照这些原则，应该让学生在真正的交际活动中进行有意义的活动，完成一定的学习任务，以达到培养语言交际能力的目的。

（二）教师的教学目的

支持交际法的教师的教学目的是培养学生英语的交际能力。一个学习语言的人不但应该有识别句子是否合乎语法规则的能力和造出合乎语法规则的句子的能力，他还必须懂得怎样恰当地使用语言，即对不同的对象使用不同的语言，在不同的场合、不同的时间使用不同的语言。因此，英语教学应培养学生英语的交际能力，即要培养在一定的社会环境中恰当地使用语言的能力。要达到此目标，学生需要懂得语言的形式、意义和功能，他们应该懂得不同形式的语言结构可以表示同一种思想。因此，学生要通过学习学会使用正确的语言形式来表达思想。

（三）主要的教学活动和特点

准交际活动是为真实交际做准备而设计的教学活动，可以是句型操练、对话等项目，目的是对英语中的句型和结构进行训练，为交际活动做好准备。如果没有对英语结构和句型的掌握，要进行交际就十分困难。功能性的活动是利用语言功能获取相关信息。社会交际性的活动是利用语言建立和维持人与人之间的友好关系，可以是角色扮演、解决问题等活动。

在交际法的课堂里也有语言结构性的活动。在初中英语教材的教学步骤中的训练就属于这一类型的活动。这一类的活动与听说法的句型操练有相似的地方，但不完全一样。因为按照支持交际法的学者的要求，可以把这一类型的活动设计得很像真正的交际活动。

按照支持交际法的学者的理解，真正的交际活动应该有三大特点：信息沟、选择性和消息的反馈。缺少这些特点的对话就很可能是句型操练，而不是真正的交际。因此，教师在设计教学活动时也应注意真正交际活动的三大特点。

交际法教学的另一特点是，教师会尽量使用真实的材料进行教学，这些材料可以取自外文的报纸和杂志，也可以取自外国的电台、电视台或电影。

（四）对学生能力的培养

在交际法里，语言的功能比结构更受重视。一般来说，交际法的教材按功能大纲来编写。同一功能不同结构的语言要分不同的阶段介绍，先介绍简单的，然后介绍较复杂的。

听、说、读、写四种技能从一开始就进行训练。口头交际被认为是在说话者和听话者之间通过磋商而实现的；进行书面交际时，语言的书面形式的意义也是通过作者和读者之间的相互活动而理解的，读者不仅要看懂文章，更要了解作者想要表达的含义。

（五）教学材料的设计

交际法的教材有不同的设计类型：纯粹功能型、结构—功能型、功能—结构型、题材型等。纯粹功能型的教材，考虑到语言形式的不足，会使语言结构失去系统性；结构—功能型的教材注意了语言结构的安排，但对功能意念项目考虑不足，也会失去系统性；功能—结构型的教材注意了功能意念项目及系统性，但对语言结构安排不足；题材型的教材可以照顾语言形式的系统安排，又能适当地安排功能项目，是编写教材较好的设计形式。

题材型的教材可以使语言形式和功能项目完美结合，能采用语言结构和语言功能项目循环式的编排方法，使语言结构的出现从简单到复杂，使语言功能项目多次出现，有利于学生掌握和运用语言。

（六）教师和学生的角色定位

在交际法中，教师的作用是多方面的。教师是组织者，安排全部的教学活动；教师是教学活动中的顾问，回答学生提出的问题，观察学生的表现；教师是交际者，不时与学生用英语进行交际。教师的职责是使学习变得更加容易、有趣。从这个意义上来说，教师也是学生学习的提供方便者。

学生主要是以交际者的身份参加学习的，他们在交际法的课堂上通过交际学习交际。

（七）母语的作用

母语在交际法中没有特别的作用，英语应是交际活动中唯一的语言，在解释课堂活动和布置作业时也应用英语进行。支持交际法的学者认为，要使学生明白英语不仅是一个学习的项目，而且是进行交际的工具。但有些学者认为，有时谨慎地使用母语也是可取的，但要合理、适当地使用。

（八）教师对待错误的态度

学生在使用英语进行交际时犯这样或那样的错误是正常的，是不足为怪的。学生会在使用英语进行交际的过程中，不断完善自己，从多犯错误到少犯错误。因此，教师应鼓励学生积极运用英语进行交际，就算学生在交际过程中犯了某种错误，只要不影响交际，教师也不应打断学生的思路去纠正学生的错误。

第三章　大学英语教学方法的创新

第一节　大学英语任务型教学

一、任务型教学的基础理论

(一) 任务型教学的理论支撑

1. 学习论基础

任务型语言教学强调学习任务的意义性、真实性，强调交际任务的设计和选择要与学生的实际生活相关，以此来激发他们的学习兴趣和动机，促进积极的认知参与和自主学习，借助任务为学生提供与教师、同伴、学习客体（语言）交流互动、意义协商的机会和条件，在完成任务的过程中建构起对于学习客体（语言结构、词汇、表达方式等）的认识，并在运用中学会使用语言。“任务”成为主体（教师、学生）与客体（语言）相互作用的中介。

(1) 皮亚杰的认知发展理论：语言学习是学生的积极建构

瑞士心理学家皮亚杰（Piaget）的学习理论是建立在对儿童认知发展研究的基础上的。该理论丰富了我们对语言教与学的认识：首先，语言学习应该成为学生积极建构语言输入和任务的个人意义的过程。作为学生，应以积极的态度应对语言输入，并使其潜在意义在其原有认知结构中找到合适的同化点。而对于教师来说，创造条件、帮助和促进这一建构过程是其最基本的任务，即教师要成为学习过程的促进者。其次，思维发展与语言和经验关系密切，主要依赖记忆的语言学习不可能产生深刻的思维。再次，学习任务的选择设计要切合学生的认知水平。最后，对于学生所犯的语言错误，教师应该多观察，帮助分析造成错误的原因，而并非如行为主义所言见错就纠。这样才能促进学生已有的语言图式的修改重组、新图式的建立、达到新的平衡。

皮亚杰的学习理论在任务型教学中得到了体现。任务型教学认为，第二语言的学习过程就是学生建构起对目的语系统的假设，并在不断地接触和运用中验证假设、修正假设，使自身关于目的语系统的认识不断完善的过程。任务型教学的设计以促进学生积极参与为前提。以任务为核心单位计划、组织语言教学的目的就在于为学生提供认识、体验、实践目的语的机会、环境和条件。学生为了完成任务积极思考，在用目的语交流互动、意义协商中，感受目的语的使用，领悟语言的规则，建构并不断完善关于目的语系统的认识。所谓验证假设、修正假设，实质上也就是同化、顺化、打破平衡、达到新的平衡的过程，进而使有关目的语系统的图式更加系统化、复杂化，语言学习也因此向更高水平发展。

(2) 布鲁纳的发现学习论：让学生在语言运用的过程中发现规则

布鲁纳（Bruner）是皮亚杰思想的重要推行者，不同的是他力图将认知发展的理论与课堂教学联系起来。他扩展了皮亚杰的认知发展理论，提出了儿童的三种不同思维形式，即行动的、图形的和符号的。它们代表了儿童理解和表达经验的基本方式。这三种思维表征是依次发展的，但逐渐变得交叉并存而不是相互取代。如果教师以此来设计教学，就能达到促进学生智慧或认知生长的目的。布鲁纳认为教育的目的在于发展学生的理解力和认知的技能与策略，而不是获得关于事实的现成信息，强调教学的最重要任务是配合学生身心发展，教学生如何思维，如何学会学习，如何从求知活动中发现规则，从而整理统合，组织成属于自己的知识经验。他所倡导的“发现法”，并不限于发现人类尚未知晓的事物的行动，而是包括用自己的头脑亲自获得知识的一切形式。因此，从本质上说，“发现法”强调的是认知主体的积极参与。其特征可概括如下。

第一，强调学习过程。布鲁纳认为，在教学过程中，学生的角色是积极的探究者。教师的作用是要形成一种学生能够独立探究的情境，而不是提供现成的知识。教师教一门学科，不是要把学生变为一个活动着的小型藏书室，而是要让学生自己去思考，参与知识获取的过程。认识是一个过程，而不是一种产品。在布鲁纳看来，学习的主要目的不是要记住教师和教科书上所讲的内容，而是要参与建立该学科的知识体系的过程。所以，他强调的是，学生不是被动的、消极的知识接受者，而是主动的、积极的知识探究者。

第二，强调直觉思维。布鲁纳认为，直觉思维与分析思维不同，它不是根据仔细规定好了的步骤，而是采取跃进、越级和走捷径的方式来进行的。直觉思维对科学发现活动极为重要。直觉思维的本质是影像或图像性的。因此，教师在学生的探究活动中要帮助他们形成丰富的想象。

第三，强调内在动机。在布鲁纳看来，一般教学条件下学生的学习动机往往来自外部，如为取得好成绩、与同学竞争、为获得奖励或避免惩罚等。布鲁纳认为，形成学生的内部动机，较之把外部动机转化为内部动机更为重要。与其让学生把同学之间的竞争作为主要动机，还不如让学生向自己的能力提出挑战。所以，他提出要形成学生的能力动机，就是使学生有一种求得才能的驱动力。

第四，强调信息的提取。若加以比较就会发现，任务型教学在相当程度上体现了发现学习的特征。首先，任务型教学强调语言学习过程，坚信有效的语言学习不是传授性的，而是经历性的。学习活动和语言内容一样重要。在某些情况下，学习过程是第一性的，而学习内容是第二性的。任务型学习就是要让学生体验学习的过程。其次，任务型教学不主张直接呈现或讲解语言形式、语法规则，而是提供任务，任务中包含的问题需要借助语言来解决。完成任务的过程即学生积极地认知参与，在语言使用中感悟其规则系统，发现、归纳、掌握、内化规则的过程。因此，任务中相当一部分语言知识的加工是隐性的。再次，挑战性是任务设计的基本要求之一，以此来吸引学生的兴趣和注意力。通过完成任务（尤其是较大任务，如主任务、扩展性任务和课题任务等）体现能力、感受成功有利于形成内在动机。最后，就语言学习而言，信息的提取主要表现为语言的运用。任务型教学的主要目的就是要借助任务，创造运用语言的机会和环境，让学生在交际中学会交际、学会活生生的语言，从根本上避免机械学习，死记硬背。

（3）奥苏贝尔的意义学习论：死记硬背获得的语言知识难以提取

上述讨论的许多方面用意义学习理论解释也是准确的。所谓意义学习是相对于机械学习、死记硬背而言的。在奥苏贝尔（Ausubel）看来，机械学习是无效的，因为未能与学生原有认知结构建立起联系，得到的不过是一些孤立的、凌乱的信息，难以提取，更谈不上会用，这样的学习显然是没有意义的。意义学习的实质就是要使新信息与学生原有认知结构建立起内在的联系，使之内化为其认知结构的有机组成部分，真正成为学生自己的东西。英语学习的特殊性容易导致机械学习，有些教学方法（如听说法）甚至把机械的句型操练视为建立起语言习惯的法宝。因此，如何避免机械学习，促进意义学习的产生是英语教学特别需要关注、解决的。奥苏贝尔对此认为，教师要设法引起学生兴趣，努力使新论题、新概念与学生已有知识背景建立联系；与此同时，教师还应尽可能避免过多的语法解释。

2. 教学论基础：活动教学

若从教学论的角度进行分析，任务型教学实践着活动教学的理念。任务是任务型教学的核心概念。之所以称之为任务型教学，是因为从教学内容的选择到课堂教学的组织、实施、评价都是围绕任务进行的。这里的所谓任务，本质而言就是用目的语做事。任务型教学的交互性、真实性、过程性、学用结合、学生的个人体验与主动参与等特征都是通过让学生完成交际任务，即通过开展有目的的交际活动体现出来的。可见，活动是实施任务型教学的主渠道，活动贯穿于任务型教学的始终。

（1）活动教学

活动教学思想有着悠久的历史。从历史上看，活动教学思想经历了一个长期演变、发展的过程，它是在不断批判以灌输、记诵、被动接受为特征的旧教育体系的过程中逐步确立起来的。卢梭（Rousseau）、裴斯泰洛齐（Pestalozzi）、杜威（Dewey）是活动教学思想的发展者和积极实践者。教育教学研究对活动教学进行了现代诠释：活动教学涵盖的“活动”是一个具有特定内涵的概念，主要指学校教育教学过程中学生自主参与的，以学生学习兴趣和内在需要为基础，以主动探索、变革、改造活动对象为特征，以实现学生主体能力综合发展为目标的实践活动。这一界定表明，传统教学中学生在被告诉、被教导、被演示的情况下被动参与的活动，以及观念活动与实践活动相脱离的活动不是活动教学意义上的活动。

所谓活动教学，主要指以在教学过程中建构具有教育性、创造性、实践性、操作性的学生主体活动为主要形式，以鼓励学生主动参与、主动探索、主动思考、主动实践为基本特征，以实现学生多方面能力综合发展为核心，以促进学生素质的全面提高为目的的一种新型教学观和教学形式。可以看出，活动教学具有两种存在形态，它既是一种教学观，又是一种教学形式。作为一种教学观，活动教学视教学过程为一种特殊的活动过程，强调活动在学生认知、情感和个性行为发展中的重要作用，提出教学认识的关键就在于建构学生的主体性认识活动，在于通过活动促进学生的主动发展。这一教学观具有普遍适用性，可用于指导一切形式的教学活动。作为一种教学形式，活动教学的基本主张及其规范要求可概括如下：

第一，活动教学是坚持“以活动促发展”为基本指导思想的教学。活动教学对现代教学理论和实践的突出贡献之一就是将“活动”的概念引入教学领域，并将“活动”与“发展”紧密联系起来。“以活动促发展”意味着“活动”与“发展”是教学的一对范畴，“活动”是实现“发展”的必由之路。学生的认知、情感、行为的发展是通过主体与客体相互作用的过程实现的，而主客体相互作用的中介正是学生参与的各种活动。教育教学作为一个特殊的活动过程，其直接任务是要为学生创造活动，提供适宜的活动目标和活动对象，以及为达到目标所需的活动方法和条件，让学生作为主体去活动，在活动中完成学习对象与自我的双向建构，实现自我发展。

第二，活动教学是倡导以主动学习为基本习得方式的教学。活动教学认为，学生的学习过程是学习主体对学习客体（包括现实客体和知识客体）主动探索、不断变革，从而不断发现客体新质，不断改进已有认识和经验的过程，而不是如传统教学所认为的是学生通过静听、静观接受现成知识结论的过程。因此，在教学实践中，活动教学倡导以主动学习为基本习得方式。主动学习是一类学习方式的总称，它具体包括探究发现学习、问题解决学习、技能操作学习、交往学习、合作学习、体验学习等多种学习方式，也包括有意义的接受学习。因为有意义的接受学习与被动接受学习有本质的不同，它要求学生积极主动地把新知识纳入原有知识结构，并不断改组重建已有的认知结构，实现知识的同化。知识的同化过程也包括了问题解决和创造。主动学习的共同特征是：以学生的兴趣和内在动机为基础，在学习对象的主动操作、探索、加工、体验、变革的自主活动过程中完成，学习目的不仅在于掌握知识，更在于通过过程掌握方法、发展能力。

第三，活动教学是侧重以问题性、策略性、情感性、技能性等程序性知识为基本学习内容的教学。以学生的主动学习为特征的活动教学受知识本身的特点制约，因此活动教学有特定的对象内容和适用范围。现代认知心理学的广义知识观将知识划分为陈述性知识和程序性知识。陈述性知识是有关“是什么”的知识，它主要体现为事物的名称、概念、命题、事实等方面的知识，例如：“我国的首都是北京”。学习这样的单个命题所获得的就是这种知识。这类知识通过教师的讲解就可以为学生所掌握和记忆，通常又被称为记忆性知识。程序性知识是有关“为什么”和“怎么办”的知识，主要涉及概念、规则和原理的理解和应用，解决问题的技能、方法、策略的形成，以及情感的体验等。这类知识具有较强的特殊性、个体性和活动性，它关心的是在教学实践中如何通过学生的主动活动促进对概念原理的理解，以及如何将储存于头脑中的原理、定律、法则等由静态的命题知识转化为动态的应用操作技能，实现由储存知识向探究知识、运用知识的转化，促进学习能力的发展。因此，掌握这类知识不能单靠讲授、告知的方式，还必须通过操作、探究、体验。从知识的内在特征来看，程序性知识客观上要求必须以活动的方式来实现知识的内化，因而是非常适合以活动教学方式进行教学的知识类型。

第四，活动教学是强调以能力培养为核心，以素质整体发展为取向的教学。以能力培养为核心，以素质整体发展为取向体现了一种新型的教学目的观，它以“活动”与“发展”关系的基本主张为认识和实践的基础，是由活动教学的基本宗旨和实践特点内在规定的，集中概括了活动教学对于教学价值、教学功能的认识，意味着活动教学不仅在认识上突出了能力培养和素质整体发展的重要性，更重要的是它找到了促进学生能力及素质整体发展的基本途径—学生的主体实践活动。这一目的观表明，只有在丰富多样的主体实践活动中学生的认知、情感、能力才有可能得到整体发展。

（2）活动教学思想在任务型教学中的体现

当我们用活动教学观来衡量审视任务型教学的时候，完全有理由说任务型教学是活动教学观在语言教学领域的实践形态。

首先，任务型教学以“任务”即“用语言做事的活动”为其基本教学组织形式。之所以如此是基于这样的认识：有效的语言学习不是传授性的，而是经历性的，让学生参与有目的的交际活动，在交际中认识、掌握、学会使用目的语是习得第二语言的最有效途径。因此，课堂教学的任务首先是要为学生提供认识、体验、实践目的语的机会、环境和条件。任务型教学把贴近学生实际生活的、有待他们借助目的语完成的任务作为教学组织的基本单位的目的就在于此，任务成为蕴含教学目的，创造机会、环境、条件，体现教师作用，引导学生主动参与，从而认识、体验、学会使用目的语的中介。其次，从学习方式来看，任务型教学积极倡导合作学习、交往学习、探索发现学习、体验学习等学习方式。任务型教学的主要实践原则就是互动性。“互动”不可能单向，必然包含合作协商。用目的语交流、沟通、协商，进而完成任务的过程，能够促进交际各方在目的语的掌握使用上相互取长补短，能够促进各方中介语系统的扩展、修订、重构。最后，从发展能力、提高素质的角度看，人作为社会个体，交际能力是最基本的生存能力之一。仅从这一点看，语言教学注重培养交际能力的意义不仅在于学习语言，也是为了人的发展需要。任务型教学所强调的互动性在促使学生学会用目的语交际的同时，使学生学会了沟通，学会了合作，学会了共同学习。因此，它也是以“活动”促发展的。

特别能够引起人们思考的是，前述关于活动教学的认识基础和实践基础的分析阐述为任务型教学以任务为本的合理性提供了新的理论解释。作为第二语言习得的教学途径，任务型教学主张语言输入与输出并重，即使语言的输入也认为应在完成交际任务，即有目的的交际活动中获得，因此，可以说它更强调输出。若用广义知识划分来解释，语言的规则系统属程序性知识的范畴，因此，其不能像陈述性知识那样通过教师的讲解、告诉而掌握会用。依据活动教学的理论解释，程序性知识客观上要求必须以活动的方式来促进对知识的理解，实现知识的内化。同时还应看到，语言学习是情感的体验，因为语言文字是传情达意的，必定负载着思想和文化信息，体现一定的价值观，给学生以情感的触动。因此，可以说，任务型教学重视活动，强调让学生在用目的语交际中领悟目的语的规则，并在使用中掌握、内化规则。可见，这一做法是将语言规则作为程序性知识来看待的，其中蕴含的合理性得到了新的解答。认识到这一点的重要意义在于：知识的内在特性本身也揭示了在英语教学中给予活动以应有地位的极端重要性。这就不难解释为什么传统教学中教师辛辛苦苦地讲，学生花费了大量时间精力背单词、学语法、做习题，但结果往往不尽如人意。这是因为学生缺少在语言情境活动中的交往实践，未能将语言知识转化成语言运用能力，把语言当成静态的知识来学，其结果可想而知。

（二）任务型教学法的类型与原则

1. 任务型教学法的类型

（1）任务类型

①目标性任务或真实世界的任务。目标性任务或真实世界的任务指的是学生离开课堂在生活、学习、工作中可能遇到的各种事情，例如收听天气预报、预订机票等。它们是学生学习英语的最终目的。

②教育性任务。教育性任务包括激活式任务和演练式任务。激活式任务激活学生新学习的语言技能，例如角色扮演、信息交换等。演练式任务与真实生活中的任务相似，例如在报纸上寻职并模仿求职过程等。在完成这些任务的过程中，学生从模仿性地运用语言逐步过渡到创造性地运用语言，从而习得语言。

③单元任务。为了达成单元教学目标，教师结合单元功能话题以及语言形式等内容而设计的一系列任务即单元任务。每个单元任务都可能具有激活式任务、演练式任务的特征，而任务之间又存在着相依性、涵盖性的特征，并由此形成由易到难、由简到繁、由初级向高级且高级又涵盖初级的链式循环结构—单元任务链。

④课时任务。单元教学目标被分解为更加具体的课时目标，为实现课时目标，教师为具体一堂课所设计的一系列任务即课时任务。任务之间同样存在着相依性、涵盖性的特征，并由此形成课时任务链。单元任务与课时任务之间的关系是单元任务链中的每个单元任务分别是各节课时任务链中的高级任务，单元任务涵盖课时任务。

（2）任务、活动、练习

从任务的定义不难看出任务就是活动。任务型课堂教学就是把课堂活动任务化。在实际课堂教学中，一个一个的任务串起若干活动，这些活动既有任务的特征又有练习的特征；有些活动可能有多个步骤，其中有些步骤更接近任务，而有些步骤可能更接近练习。采用任务型语言教学途径不能否认练习对语言学习的作用。练习是完成任务所开展的系列活动中的某一个步骤，是围绕语言项目本身进行的一些复习、巩固语言知识的活动，只有语言的结果。而在完成任务过程中，学生围绕一个具体的目标，分步骤做事情，任务有一个非语言结果。

2. 任务型教学法的原则

任务型教学法在大学英语教学中应用十分广泛。在明确了任务型教学法的兴起背景以及类型、原则等理论知识的基础上，为了在大学英语教学中更好地应用和实施任务型教学法，教师应该在实施任务型教学法时明确任务型教学法的原则，下面对其进行具体分析。

（1）强调真实性

在具体应用和实施任务型教学法中，教师应该保证教学任务设计或教学活动设计的真实性。具体而言，就是教师要明确语言交际应该在怎样的情境中发生，或需要什么样的情境进行交际。真实性原则是教师在教学中实施任务型教学法必须遵循的原则。只有使语言与情境有效融合，才能实现交际的目的。如果没有真实性的情境，交际也很难顺利进行，语言知识与情境也很难融合在一起。

另外，教师应该从思想上意识到真实性原则在任务型教学法实施中的重要性，应该重视语言知识的情境性设计，鼓励学生在不断适应新的情境，同时引导学生利用各种手段和途径来理解语言知识情境。在此基础上，学生还应该学会将自己学习的语言知识与新的情境有效融合，从而实现知识中有情境、情境中有知识的多元化体系。

除此之外，需要强调的一点是，在大学英语教学中，绝对的真实性情境并不容易实现，这里强调的真实性原则并不是绝对的真实性，而是要求尽可能地真实，尽可能地与现实生活贴近，或尽可能地为学生提供真实的教学情境、学习情境和交际情境。

（2）关注信息差

信息差，简单理解就是交际双方之间各自拥有的新信息。信息差的实施必须有共享信息作为基础。交际双方只有在共享信息的基础上，才能通过交流和交际来获得各自所需要的新信息。这也就是交际双方交际的最终目的。

在进行交际或理解任务的过程中，交际双方十分重视任务的内容、意义等，并不重视语言采用的形式以及语言的表达、语法的准确。交际双方只要理解了任务的内容和表达的意义，就可以称得上交际的成功或任务执行的成功。

因此，教师在教学中实施任务型教学法的过程中，应该关注信息差，了解共享信息的基础作用，理解双方的交际需求，明确任务本身所要表达的意义或价值。

（3）注重互动性

语言教学需要互动性，大学英语教学也不例外。因此，任务型教学法的实施应该注重互动性。互动性强调的是交际双方在交际过程中的双向性，无论是对话、会话，还是讨论都是互动性的。具体到日常生活的交际中，最为常见的交际方式也是双向的。不可否认的是，在日常生活交际中，也存在着一些单向的交际方式，例如话剧中的独白就是常见的单向交际方式。

在交际过程中，互动性是语言输出的基础，是信息交流的前提，是意义协商的保障。在互动中，必然有合作，必然有交流。需要指出的是，互动还需要一定的条件，例如，话语常规、人际关系、交际需求等，只有这样，才能保证互动是有意义和有价值的。同时，在互动过程中，为了能够保证互动的顺利性和有效性，互动双方还应该选择不同的语言交际形式。另外，互动的过程也是交际双方互相了解对方的过程，也是获得交际需求的过程。可以说，互动能够使交际双方更好地认识语言、了解语言、理解语言和使用语言。

具体到大学英语教学中，英语教师在应用任务型教学法的过程中，也应该遵循互动性原则。例如，在大学英语教学过程中，教师可以通过对话、提问、交流、讨论、合作等形式来实施教学。同时，教师应该充分发挥互动的作用，采用多种方式鼓励学生主动发言、主动交流、积极提问、主动辩论等，这样有利于学生从中感受到互动的乐趣，激发学生学习英语的兴趣。另外，教师应该将互动性贯穿于教学的整个过程中，多布置一些互动性的任务，鼓励学生积极参与到互动活动中，从而使学生更好地完成任务。

(4) 重视做事过程

在任务型教学法实施过程中，教师还应该重视做事过程。在具体的任务设计中，教师应该多布置一些动手动脑的任务，并鼓励学生通过手脑结合来完成具体的任务。实际上，学生做任务的过程就是做事的过程。具体到语言教学中，就是用语言完成事情的过程。在这一过程中，学生不仅要对问题进行思考、分析，还要寻找各种方法解决问题。另外，教师还应该引导学生具体问题具体分析，选择科学、合理的方式来解决具体的语言问题，最终在认真做事过程中完成语言任务。

在语言教学中，究竟应该重视教学过程还是教学结果，不同的教学方法研究者有着不同的观点。任务型教学法研究者认为过程比结果要重要得多。在做任务（即做事）的过程中，学生通过思考问题、分析问题、解决问题，能够使自己的语言知识更加丰富，使自己的语言体系更加健全。

(5) 注意操作性

任务型教学法在实施过程中，还应该注重任务的可操作性。如果任务或教学活动设计得过于复杂或过于难，则不利于学生顺利完成任务。同时，在设计教学活动或教学任务过程中，教学道具、教学内容、教学时间等都应该合理安排，使其既能够满足教学需要，又能够将教学的内容和意义表达出来。

另外，有一些教学活动或教学任务，有时间的限制，因此，在注重可操作性的基础上，教师在设计教学活动和任务时，应该充分考虑多种因素，将课堂教学与课后练习相结合，同时还可以借助一些道具或利用一些信息化教学手段来进行设计，进而鼓励学生积极主动地完成任务。除此之外，为了提高任务的可操作性，在设计教学活动和教学任务的过程中，教师应该尽量使任务设计的内容简明扼要，可以将任务做成能够修改的方式，还可以对任务中的内容进行重复运用。

（6）组合弹性模式

在任务型教学法实施过程中，教师还应该重视弹性模式。也就是说，在设计教学任务和教学活动过程中，教师应该结合具体问题进行具体分析，不能将任务设计成固定的模式，应该将弹性模式融入具体的任务型教学，只有这样才能促进任务教学法的广泛应用。

二、任务型教学模式的特点与价值

（一）任务型教学模式的特点

1. 教学内容的真实性

任务型教学模式注重内容的真实性，这是任务型教学模式的显著特点。具体而言，任务型教学的内容大多数都与学生的日常生活密切相关，同时教学活动也是丰富多彩和富有层次的。任务型教学在不同阶段有着不同的任务或活动设计。例如，在初级阶段，主要注重的是意义的建构和机械性的活动；到了中级阶段尤其是在高级阶段，主要注重的是知识运用方面的活动设计。无论是任务的内容如何设计，都尽可能地贴近学生的生活，保证内容的真实性。

2. 循序渐进的任务链

传统的教学模式虽然有着具体的教学程序、任务和步骤，但大多数教学程序、任务和步骤之间是孤立存在的，并没有紧密的联系。而任务型教学模式作为教学中的一种常用模式，不同于传统的教学模式，它包含数个不同的任务，且每个任务之间并不是孤立存在的，而是相互联系、相互制约、相互促进的。具体而言，在任务型教学模式中，任务的设置都是循序渐进的，遵循着由简单到复杂的顺序，同时，任务与任务之间都是紧密相连的，具有层次性、关联性、连续性等特征。另外，任务型教学涉及的任务十分广泛，单一的或综合的、输入的或输出的、初级的或高级的等。这些任务相互促进、共同发展，形成了一个循环的任务链。

3. 师生角色的转变

众所周知，在传统的教学模式中，教师是绝对的权威者和传授者，处于语言教学的主体地位，而学生只能被动地接受教师讲解的知识。而在任务型教学模式中，教师的角色发生了一定的转变，教师负责设计任务、提供资料、组织教学活动、引导学生学习等，由传统的权威者转变成设计者、提供者、组织者，引导者、示范者等。

相应地，在任务型教学模式中，学生的角色也发生了一定的转变。在传统的语言教学模式中，学生的主体地位被严重忽视，学生是知识的被动接受者。而在任务型教学模式中，学生的语言项目使用不受限制，既可以个人独自完成学习任务，也可以与小组内的其他成员通过合作的形式完成学习任务。总之，任务型教学模式以学生为中心，学生由传统的被动接受者转变为主动参与者、自主学习者、主动思考者、积极合作者、调控者。

4. 评价方式的转变

任务型语言教学模式与传统的语言教学模式在评价方式上有着很大的不同，下面从不同的方面对其进行简要分析。

从评价目标而言，传统语言教学模式注重评价的结果、最终的成绩等；而任务型语言教学模式注重评价的过程、能力的提高和发展。

从评价内容而言，传统语言教学模式注重单一语言知识的传授；而任务型语言教学模式主要重视的是语言的应用能力、语言的学习过程。

从参与评价主体而言，传统语言教学模式主要注重教师评价，评价的主体具有单一性的特点；而任务型语言教学模式的评价主体具有多样化的特点，不仅包括教师、学生，还包括家长与社会。

从评价手段而言，传统语言教学模式主要采用的是单一性的评价手段，通常主要通过采用固定性考试的手段来对学生的学习情况进行评价；而任务型语言教学模式采用的评价手段是多元化的，既包括测试性与非测试性评价，也包括形成性评价与终结性评价，还包括教师评价、学生互评和学生自评。

从评价效果而言，传统语言教学模式受应试教育的影响，用考试和分数来衡量教学的效果；而任务型语言教学模式注重学生合作精神的培养，鼓励学生积极主动参与学习活动。

（二）任务型教学模式的价值

1. 英语教学方面的价值

（1）增加语言的输入和输出

根据克拉申（Krashen）的输入假设可以知道，语言的使用与理解性输入有着直接的关系，并不是教师通过教学教出来的。由此可见，在教学中尤其是在语言教学中，要想习得语言，就应该注重语言的输入。在此基础上，斯温（Swain）对语言习得进行了更加深入的研究，他认为，语言输入是语言习得的基础和前提，语言习得不只与语言输入有着密切的联系，还与语言输出有着紧密的联系。只有可理解输入与可理解输出有效融合，才有利于语言习得，也才能使学生更好地学习语言和使用语言。从上述分析可以看出，大量的语言输入与输出是一种理想情况，对于语言习得具有重要的意义。在任务型语言教学中，其目的就是采用各种手段为学生提供真实的情境，从而促进学生更好地学习和使用语言。

众所周知，在传统教学模式中，教师是教学的中心，学生只能被动地接受知识。而在任务型语言教学中，教师注重任务的设计及小组活动，增加了语言的输入，而语言的输入的增多使得语言的输出也有了一定的增多。

除此之外，在任务型教学模式中，学生的中心地位越来越突出。学生学习的积极性、主动性也有了很大程度的提高。在课后，学生也会根据自身的情况自主搜集一些资料，同时通过互动、交流的方式分享给其他同学。学生间的交流与分享，有利于学生理解语言、使用语言，有利于学生自主学习能力的培养，有利于学生的语言输出，同时也有利于学生交际能力的提高。同时，各种学习任务也会在一定程度上丰富语言相关的资料。

（2）改变学习环境和学习方式

①学习环境的改变

学习环境是教学目标实现的基础，是教学效果提高的保障。长期以来，我国采用传统的语言教学模式，忽略了学生的个性、兴趣、特长、自主学习、价值观等，对学生过于严格，没有留给学生足够的学习和思考时间。这种传统的教学模式不利于激发学生学习语言的兴趣和热情也不利于提高学生学习的主动性。

而任务型教学法能够为学生学习提供真实的情境和轻松愉快的学习氛围，这有利于学生积极主动地参与到教学活动中，积极思考，不断努力，从而更好地完成任务，感受任务的重要性和意义。

可见，任务型教学模式与传统语言教学模式不同，它在学习环境方面发生了显著的变化。具体变化简要分析如下。

就课内学习环境而言，传统的语言教学模式严重忽略了学生的主动性；而任务型语言教学模式注重对学生学习主动性的调动。

就课内语言环境而言，传统的语言教学模式不注重学生语言的运用，很少给学生提供语言运用的机会；而任务型语言教学模式注重语言的输入和输出，注重功能语言的运用，并采用多种方式为学生提供各种语言运用的机会。

就校内学习环境而言，传统的语言教学模式以教师为中心，严重忽略了学生的主体地位，师生之间是一种不平等的师生关系；而任务型语言教学模式以学生为中心，注重教师的引导作用，注重平等、和谐、融洽师生关系的建立。

就校外学习条件而言，传统的语言教学模式不注重语言的接触和运用；而任务型语言教学模式十分注重语言的接触和运用，并为学生提供大量的机会。

学习环境的改变对语言教学具有十分重要的意义，对大学英语教学也具有十分重要的意义。

②学习方式的改变

传统的教学模式主要是教师讲授知识，学生被动地接受知识；而任务型教学模式十分重视学生的小组学习。将小组学习运用到英语教学中具有十分重要的意义，具体表现在以下几个方面：

第一，为学生提供真实的学习情境，激发学生学习的兴趣，提高学生学习的积极性。

第二，为学生营造轻松、愉悦的学习环境，使学生更加轻松地学习和思考。

第三，注重学生的特长和兴趣，注重个别教学和辅导。

第四，注重学生英语的使用，有效提高了学生使用英语的效率和质量。

第五，学生更加倾向于使用英语，尤其是在小组学习中。

综上所述，任务型教学注重小组学习，而小组学习有利于激发学生学习的兴趣，促进学生积极学习。尤其是对大学英语教学而言，任务型教学模式能够为学生提供真实的语言学习情境，对大学英语教学的开展和发展具有十分重要的意义。同时，任务型教学模式注重个别辅导，注重学生语言的运用和实践，为学生提供了互动和交流的平台。除此之外，小组学习还有利于学生意识到合作学习的重要性，并在小组学习中不断培养自己的合作精神。

(3) 实现互动性课堂教学

从本质上而言，任务型教学具有很强的互动性。因此，任务型教学模式可以实现互动性课堂教学，有利于提高大学英语教学的效果，实现大学英语教学的目标。

下面对互动性课堂教学的优势进行深入分析。

①角色的动态性

基于互动性的课堂教学并不是静止不变的，即使是教师和学生，其在课堂教学中的角色也是动态性的。具体而言，可以从以下四个阶段进行分析。

第一，启动阶段。在启动阶段，教师主要扮演的是设计者的角色。这种角色要从整体的角度来进行教学设计，需要考虑的因素有很多，例如任务形式、活动语境、学生学习情况、任务内容、语言材料等。除此之外，教师还应该鼓励并引导学生积极参与到教学设计中，并结合学生的实际情况，融入一些代表性的观点，从而使教学设计和教学活动与学生的动机不谋而合。

第二，展开阶段。在展开阶段，教师主要扮演的是组织者、辅导者和参与者的角色。在启动阶段结束之后，学生就进入了展开阶段。教师要充分发挥自身的指导作用，并对学生进行辅导。作为参与者的角色，教师通过与学生的互动与交流，共同营造良好的学习氛围。

第三，深入阶段。在启动和展开阶段结束之后，就进入了深入阶段。在深入阶段，教师主要扮演的是促进者的角色。这种角色的作用是提高学生的学习热情，促进学生积极参与，不断进步。对于学生而言，学生所扮演的角色是发现者的角色，通过发现问题、思考问题、分析和研究问题，促进教学活动的进一步发展。

第四，结束阶段。在结束阶段，教师主要扮演的角色是评价者与观赏者。在这一阶段，教师应该结合学生的实际情况，对学生的学习情况进行综合衡量和评价。需要注意的是，教师对学生表现出来的优点应该及时予以表扬，对于学生表现出来的不足也不应该一味地指责，而要帮助学生进行改正，从而促进学生全面发展。对于学生而言，其扮演的角色是评价者。在这一阶段，学生在教师的引导下积极进行自我评价。

②互动的多维性

在传统的教学模式中，教师主要采用的是“满堂灌”的教学模式，学生只能被动地接受知识。传统教学模式强调的信息互动，其实只是一种单向的互动，即教师将信息传递给学生的单向互动。从本质上而言，其并不能称得上是真正意义的信息互动。任务型教学模式强调的互动具有多维性的特点。具体而言，主要包括教师与学生之间的互动、教师与教师之间的互动、学生与学生之间的互动、个体与群体之间的互动，以及个体与个体之间的互动、群体与群体之间的互动等。因此，任务型教学模式强调的信息互动才能称得上是真正意义的信息互动。

在具体的互动中，教师与学生并不是孤立的，也不是传授者与被动接受者的关系，而是形成一种平等、和谐的师生关系。

③合作共享

任务型教学模式是一种互动性很强的教学模式，它具有合作共享的特点。对于这一特点的理解可以从以下两个方面入手：

一是合作性。在信息传递中，教师与学生、学生与学生之间所拥有的信息是不同的，这就形成了彼此之间的信息差，而通过任务型教学模式的互动性可以填补这种信息差。

二是共享性。在信息处理中，教师与学生、学生与学生之间所拥有的信息并不是封闭的，而是可以共享的。

还需要指出的一点是，信息差是合作共享的基础。要想实现合作共享，就应该在教学设计过程中融入信息差。同时，合作共享的实施还与教学的组织形式有着紧密的关系，而小组活动是任务型教学模式常用的一种教学组织形式。

④体验创造

学生运用已有知识进行交流和表达思想的过程就是创造的过程。具体可以从以下几个方面进行理解：

一是理解的创造性。学生结合自己已有的知识结构、经验等对信息进行编辑、加工、整理。这一过程反映了学生理解的创造性。

二是语言的创造性。学生结合实际需求，对自身已有语言知识进行整理、加工和重新组合，从而将自己的真实情感融入其中。

三是交际的创造性。交际中势必会存在信息差，即使进行不同程度的填补，也会产生新的信息差。

在语言教学中，要想使学生能够体验到语言学习中的这种创造性，教师应该注重教学活动情境的设计，任务型语言教学模式也不例外。教师在教学活动设计过程中，应该综合考虑多种因素，如教学因素、学生因素、环境因素等。只有这样，才能使学生在互动中体验创造。

2. 素质培养方面的价值

（1）调动学生的学习积极性

任务型教学模式不同于传统教学模式，它有明确的任务，注重真实情境的创设和学生的互动，有利于激发学生学习的兴趣和积极性。

（2）培养学生的自主学习意识

任务型教学模式主要分为任务前、中、后三个阶段。在每个任务阶段，学生为了更好地完成任务积极主动地学习、参与、思考、交流与实践，这一过程有利于学生总结语言学习的规律，培养自身的自主学习意识。

（3）提高学生的语言运用能力

任务型教学模式主要以任务为中心，在具体实施过程中，教师会设置形式多样的教学任务，这样有利于学生在不同的任务中综合运用已学习的语言，提高语言运用能力与交际能力。

（4）培养学生的合作意识

任务型教学模式不仅注重任务的多样性，还注重学生的互动性。学生为了更好地完成任务，就会积极参与到小组讨论中，与其他成员进行互动，这样有利于培养学生的合作意识。同时，在互动的过程中，学生不仅可以表达自己的观点，还可以从他人观点中获得启发，这有利于学生意识到团队合作的重要性，进而增强合作意识。

三、任务型教学模式在大学英语教学中的实施

（一）大学英语任务型教学模式的实施步骤

1. 任务前的实施步骤

任务前阶段是大学英语任务型教学模式实施的前提。任务的准备与

呈现都是任务前阶段的实施步骤。任务前阶段是任务型教学模式不可缺少的阶段，其主要作用主要包括以下两个方面：一方面是通过任务前的准备工作和呈现工作来激活学生的已有知识体系和思维，使学生能够在已有知识体系的基础上构建多元化的语言体系；另一方面是为任务的实施做准备，使学生能够积极主动地学习，积累丰富的知识，为任务的完成奠定基础。

(1) 任务的准备

在任务的准备阶段，学生要积极地参与到任务中，通过多种手段获取信息并对信息进行相应的处理，同时，还要对这些信息内容进行表达，从而提高自身的语言技能和表达能力。具体到大学英语教学中，教师在任务准备阶段，还应该注意英语输入的真实性以及英语任务设置的难易程度。只有英语输入真实、英语任务难易适中，才能使学生更好地为英语任务的下一阶段做好准备。

(2) 任务的呈现

任务的呈现，简单理解就是教师向学生介绍需要完成的任务。同时，强调完成这一任务需要学生利用新的语言知识。除此之外，教师还应该根据学生的具体学习情况，为学生创造真实的情境，从而调动学生学习语言的积极性。

2. 任务中的实施步骤

任务中阶段对学生的语言习得起着至关重要的作用。在任务中阶段，教师应该结合学生的实际学习情况，合理选择任务，避免任务的难度过高或过低。

在任务实施过程中，学生为了更好地完成任务，可以采取多种方式，如小组形式、辩论形式、自由组合形式等。在大学英语任务型教学模式中，小组活动的形式比较受欢迎。在小组活动设计中，设计者要明确小组任务与个人任务并不是孤立存在的，而是相互促进的，同时要明确师生之间的关系与角色转变。在小组活动开展过程中，教师要及时对学生进行指导，从而促进教学目标的实现。

除此之外，教师可以与学生积极互动，甚至主动加入小组活动中，与学生共同参与任务、共同学习、共同讨论，从而形成平等、和谐的师生关系。同时，教师还可以及时了解学生完成任务的情况和对知识的掌握情况，并以此为依据，及时调整教学方式，从而促进任务的高效完成。

3．任务后的实施步骤

任务前、中阶段结束之后，就进入任务后阶段。这一阶段的实施主要包括对任务的汇报和评价。经过任务的实施后，小组内可以选取代表在课堂上进行发言，总结和汇报本组内任务完成的具体情况。在这一过程中，教师主要扮演着指导者的角色。

小组代表汇报完之后，教师应该对每个小组任务完成的情况进行评价。教师不仅要指出小组完成任务的优点，还要指出小组完成任务的不足。同时，教师应该给予优秀小组一定的奖励。另外，在任务评价过程中，教师不仅要科学、公平地对每个小组进行评价，还要鼓励学生互评，这样有利于学生正确认识自己，客观评价他人。

（二）大学英语任务型教学模式的实施路径

1．严格遵循教学大纲

教学大纲在大学英语任务型教学模式实施中发挥着不可替代的作用。因此，教师在实施这一模式时，要以教学大纲为中心展开教学。下面对任务型教学大纲进行简要分析。

第一，教学过程具体明确。

第二，教学原则清晰明了。

第三，教学中任务的选择要有一定的倾向性。

第四，任务的设计和难度要具体分析。

第五，任务的结果要进行评估。

第六，教学中教师的语言要达到意义与形式的平衡。

第七，教学和学生在任务型教学中的角色要明确。

第八，学生在任务教学中要有交流的机会。

第九，任务型教材的编写与使用要和当地具体实际相结合。

第十，教学过程中交际策略的使用、任务设计的动机、任务的目标和任务处理要在教学大纲中具体明确。

在教学大纲中具体阐述上述内容，能够为英语教师指明方向，从而使任务的实施更具系统性，同时也保证了英语教学实施过程中的科学性和可操作性。

2. 合理设计教学任务

为了提高教学任务的可行性和可操作性，教师需要注意以下几点：

第一，任务在设计时应该注意其操作性，不能脱离具体的教学条件。

第二，教学活动要具有多样性，这样才能保证各种类型的学生的需求都能得到满足，也能满足学生自主选择学习内容的需要。

第三，任务的设计要具有层次性，也就是说任务要有不同的难度等级。这是为了满足不同学习层次的学生要求，进而提高学生的创造力、审美力以及协作能力。

第四，当学生完成相应的任务时，教师应从学生的完成情况看出学生的具体学习水平。

第五，任务型英语教学并不是将任务局限在课堂英语教学中，学生也可以在课内外对任务进行研究。

总而言之，设计的任务活动要突出趣味性、可操作性、科学性、交际性、拓展性、真实性、整体性和层次性，这有利于培养学生的创造性思维，有利于提高学生综合运用英语的能力。

3. 掌握任务型教材

众所周知，教学理念的实现需要相应的教材作为依托，任务型英语教学法也是如此。任务型英语教学的教材应该具有以下几个特点。

（1）教材的设计要以任务为核心

任务型英语教学就是在完成任务的过程中让学生自然地使用所学语言，使其在使用所学语言的过程中提高语言表达能力。因此，任务型英语教材不应该直接地呈现各种语言知识和素材，而应该设计各种不同的任务来提高学生的英语习得水平。

（2）任务型教材中出现的语言材料应力求真实

真实的材料包括生活中经常出现的语言素材，如报纸、杂志、广告、公告、通知、产品说明书、操作指令、书信等。需要注意的是，这些真实性的材料是用于公众交际的，并不是专门为了教材的编写而设计的。若是为了教学专门设计语言材料，必然会丧失其真实性。

（3）教材中要突出真实的交际目的

根据任务型英语教学思想编写的教材，无论其设计何种类型的任务，都要突出交际的真实性。所谓交际的真实性，就是指学生完成的交际活动具有真实的交际需求、真实的交际语境和真实的交际对象。

4. 与课外教学相结合

在利用任务型教学法进行英语教学时，教师不能仅仅将课堂作为任务完成的场所，而应该开放思维，将教学任务延伸到课堂教学之外的生活中。这就是说，教师应该充分利用课外教学辅助任务教学。

需要注意的是，利用课外教学进行任务教学并不是将学生的学习时间延长，而是要教会学生在日常生活中运用英语知识，进而达到巩固知识的目的。课外英语教学可以通过以下几种方式进行。

（1）布置一些学生感兴趣的课外作业

学生的课外生活应该是丰富多彩、充满乐趣的，因此教师可以设计一些调动学生兴趣的课外活动和作业让学生在课下完成。通过课外英语教学，学生学习的主动性和积极性会得到提高，同时学生独立完成任务的能力也会得到锻炼。

（2）开展多样的课外活动

学生的英语课外活动主要包括以下几种类型：

第一，英语竞赛。在大学的不同阶段，教师可以组织学生参加丰富多彩的英语竞赛活动，如英语单词竞赛、英语作文竞赛等。

第二，英语表演。英语表演活动使学生可以在一种互帮互助的环境下进行语言的学习，对学生语言表达能力、团队协作能力的提高有积极的促进作用。

第三，英语角。英语角的开办能够为英语学习爱好者提供一个互相学习的基地，使学生乐于用英语表达和沟通。

第二节　大学英语互动式教学

一、互动式教学的基础理论

（一）互动式教学的内涵

互动这一概念源自社会心理学，是人与人之间进行情感交流的过程，它可以是两个人之间的交流，也可以是多人之间的交流，交流的信息可以对交流的所有方产生影响。还需要注意的是，互动要求双方一定要就大家都感兴趣的主题进行，否则互动的效果可能不会太好。

英语教学经过了较长的发展时间，已经形成了相对完善的理论体系，当前，比较受到大家推崇的一个教学理论就是交际英语教学理论，该理论的核心强调的是交际能力的培养必须具备“互动”这一性质。如果对交际进行深层次内涵的挖掘，就会发现，其关键就是在于互动，且互动还能将交际的内容全都展现出来。

在英语教学中也存在互动，并且有些学者在总结英语教学互动经验的基础上提出了英语互动式教学这一概念。英语互动式教学是一种不仅重视教师与学生之间的互动，而且重视学生与学生之间的互动、学生与教学中介的互动的新的教学方法，该方法能够在很大程度上推动英语教学的进程，增强英语教学的效果。在运用这一教学方法时，教师要尊重不同学生的个体差异，要在分析学生性格与学生特点的基础上，为其创设一个良好的教学环境，引导学生自觉对问题进行探究，从而使其可以进行自主学习活动，并不断培养自己的个性。

英语互动式教学将教学活动与学习活动结合起来，实现了二者的统一，教师与学生的界限被模糊了，二者既互为主体，也互为客体。基于此，教师与学生之间所进行的互动与交流都是一种良性的互动，在教师利用必要的教学方法的组织与引导下，学生不仅掌握了英语理论知识，而且还能掌握不少文化知识，发展了自己的智力，陶冶了自己的情操。教学是教师与学生的双向互动过程，要想取得不错的教学效果，二者缺一不可，也就是说，既要调动教师教学的积极性，也要调动学生学习的积极性。

与传统英语教学方法相比，这一教学方法最显著的差异体现在“动”字上，体现在“动”的对象与程度上。传统英语教学也有“动”，只不过在传统英语课堂上，教师是“动”的一方，将所有知识全都灌输给学生，而学生相对处于“静”的状态中，只能被动地接受教师所传授的知识。但互动式教学将这种“动”的状态彻底打破了，实现了教师与学生之间的良性互动。

将互动式教学融入英语教学中，主要可以发挥出三方面的作用：第一，能提高英语教学的质量，能培养学生的综合应用能力；第二，丰富了英语教学研究的内容体系；第三，它是对英语教学方法体系的有效补充，更重要的是，英语教师在实际教学中可以运用这一方法，帮助教师拉近了与学生之间的情感距离。

（二）互动式教学的特点

1. 明确的目的性

英语互动式教学的实施是以社会语言学为理论基础的，也就是说，语言虽然是用来进行学习活动的工具，但是这并不意味着语言就是所有学习的重点。人们进行外语学习，主要的目的就是为了满足两种主要的社会活动需要，一种是借助其他语言完成某项社会任务的需要，另一种是利用本族语言无法获得自己想要的信息的需要。从这方面来说，我们也不能将英语教学的目的单纯地看作是为了应付考试，因此，在英语教学中，教师必须清楚地认识到词汇，语法，阅读等基础教学固然重要，但学生英语综合应用能力的培养更加重要，只有学生具备较高的英语应用能力，其才能更好地完成社会任务。

2. 过程的互动性

这里的互动性是指在英语教学过程中，存在于教师与学生之间的互动层面是多方面的，既包括身体与心理的互动，也包括情感等其他更深层的互动。

英语互动式课堂往往充满着大量的信息，这导致学生需要花费比以往更多的时间来操练英语，这种情形之下，教师讲话的时间自然也就减少了。这时教师在英语课堂上的角色也发生了明显的变化，过去教师的“主导”地位逐渐转变为“从旁指导”。在具体的教学过程中，教师可以为学生创设语言交际情境，语言交际情境要比教师直接讲授的效果更好一些，教师可利用多媒体设备，直观教具等为学生创设情境，再加上生动的语言、动作，就能最大程度上吸引学生的注意力，让他们全身心地投入英语学习中。当学生参与情境活动时，教师并不是一个“看客”，当学生在情境中遇到问题时，教师就可以跟学生进行交流互动，了解学生的问题所在，提出相关建议，在教师的建议反馈中，学生能认识到自己的不足，找到解决问题的方法。

3. 组织形式的多样性

(1) 真实情境——真实的语言交际环境

教师可以鼓励学生到一些外国游客喜欢去的旅游景点担任义务导游，他们不仅能借此机会与外国游客用英语进行交流，而且还能宣传中华优秀传统文化。此外，教师还可以邀请一些外国教师给学生上课，或者是举办一些以英语为主题的晚会，既让学生放松了身心，也有助于其英语口语能力的提高。在真情实感的情境中，教师与学生也能更好地互动，学生与学生之间也能增进了解，更重要的是，学生会发现，英语学习其实并不难，这样就能增强其学习英语的自信心。

（2）模拟的语言交际情境

除了向学生提供一些自然情境之外，教师还可以通过一些手段为学生创设模拟情境。现在是信息社会，以信息技术为支撑的多媒体设备已经开始走进课堂，教师可以利用多媒体设备为学生创设直观模拟情境，给予学生强烈的感官刺激，让学生通过真实的英语对话音频、视频提升自己的英语能力。

此外，教师还可以让学生进行角色扮演活动，这是一种十分有趣的教学形式，在角色扮演的过程中，学生会思考角色的性格特征，因而在用英语表达时他们往往会考虑词汇、语法的应用问题，这样学生的英语应用能力就能得以提高。

4．内容的广泛性

传统英语课堂的互动性明显不足，教师是课堂的绝对权威，学生几乎没有什么话语权，而英语互动式教学则彻底颠覆了这一情况，教师不再是课堂的唯一“主角”，在师生的频繁互动中，教师与学生都成为课堂的“主角”，他们在课堂上交流信息，共同进步。

教师在进行英语教学内容设计时，不能将内容局限于教材范围之内，因为对于有些学生来说教材上的知识过于浅显，他们需要更有难度的知识，这时教师就需要加大输入量，不断拓展教学内容的范围。但是需要明确的是，教师向学生输入的大量新知识必须有一定的度，必须在学生可承受、可理解的范围内进行，一旦内容过于难，就有可能打击学生学习英语的自信心。

5．方法的灵活性

英语互动式教学有许多的方法可以选择，这是因为其不仅以交际教学为理论基础，而且还融合了其他一些比较优秀的教学法流派的经验。例如，在自然法教学流派看来，对学生的语言输入要适当，要控制在合理的范围之内，因此，教师的教学设计不能全凭主观意识，要考虑学生的实际需求与教学的情况。

总而言之，在具体的英语教学中，采用什么样的方法，侧重什么内容，教师则可以根据课堂实际情况进行选择。

（三）互动式教学的理论基础

1. 社会建构主义理论

社会建构主义理论的建立是以皮亚杰认知发展理论为基础的，因此它的研究重点放在了个体认知的发展上。社会建构主义深入探究了知识的建构问题，认为知识的建构并不只是可以在物理环境中完成，社会环境对知识建构的影响同样重要，甚至在某种程度上说，社会环境要比物理环境要重要一些。

下面简要分析一些社会环境对知识建构的影响。需要指出的是，每个学生都具有不同的特点，他们拥有不同的经验世界，因而在发现，分析，解决问题的过程中，他们所选择的方法是不同的，而正是由于方法的不同，他们才可以共同合作，在讨论中找到更多解决问题的方法，这样学生的知识结构体系也会变得更加丰富。此外，社会环境中也有一群能对学生产生影响的人，教师，学科专家等，教师利用他们的教学经验指导学生的学习，学科专家利用他们的研究成果影响学生的知识建构。

社会建构主义将知识看作是一种社会建构，主要的理由是：语言是知识的基础，而从本质上来看，语言就是一种社会的建构，而与语言关系密切的知识也就同样也可以看作是一种社会建构。人类的知识在形成之初具有主观性，而当人类文明发展到一定程度之后，人类知识逐渐演变为社会大众可接受的客观知识，这种转变正是在社会交往中实现的，所以说知识建构应该是具有社会属性的。

互动式教学的形成与维果茨基（Vigotsky）的心理发展理论有关，具体来说，该理论主要有两点为互动式教学所借鉴：第一，语言基本功能是一种社会性功能，它主要是为了人们的交际提供服务；第二，从社会层面上来看，语言读写教学是一种符号中介活动，它处于整个社会中介活动之中。因此，在英语互动式读写教学中，教师发挥了重要作用，他是一种媒介，将自己的社会性角色融入教学中，对学生进行不只语言知识层面的教学，也向学生传递人际交往的维系、社会责任感的确立等其他一些社会性知识。这时，枯燥的理论教学将不再被局限于教材文本之上，社会性的交互作用将在英语课堂上显现出来。需要指出的是，教师在课堂上发挥的中介作用还应该最大限度地在师生互动中体现出来，一方面培养学生的英语学习思维，另一方面给予学生学习与生活上的支持，无论学生在学习上遇到什么困难，还是对生活产生了困惑，教师都需要及时帮助学生解决。这种交互已经超出了普通语言教学的范围，但它明显具有更现实的意义，有助于将学生培养成全面发展的优秀人才。

2. 英语学习规律

（1）量变到质变的原则

这一原则表明，学习是一个过程，不可能一蹴而就，必然要先有一定量知识的积累，才能最后实现语言水平的提高，真正掌握某种语言。

英语学习过程同样漫长，学生想要一下子就掌握这门语言是不现实的，在这之前学生必须先对英语语音，词汇、语法等基础知识有明确的认知，扎实掌握这些基础知识是进行后续语言训练的前提。尤其是对于英语听力、口语技能来说，这两项语言技能都需要大量的练习做支撑，如果学生无法保证练习的次数与时间，那么其就很难提高自己的英语水平，英语学习所谓的由量变到质变的过程也就无法实现了。

（2）内因与外因的原则

事物的发展受到内因与外因的影响，从根本上来说，真正决定事物发展的原因是内因，它不仅决定着事物发展的性质，而且还决定着事物发展的方向，而外因则是事物发展变化所要依凭的条件。内因与外因相互作用，共同推动事物的发展，二者联系密切，外因作用的发挥必须依靠内因来完成。学生英语学习也会受到内因与外因的影响，内因就是指学生自身所具备的知识、能力，性格等，这些因素从根本上决定了学生学习英语的成功与否，外因指的是教师的教学水平、教学方法，大学提供的教学设备等，这些因素对学生的英语学习产生了不小的影响，但是并不是决定性影响，学生的学习活动终究还是要靠学生自己。可见，内因才是决定学生英语学习成功的关键。

从上面的分析可以知道，学生的英语学习一定要出于自愿，只有学生愿意学习，并且不断付出努力，其才能实现自己的学习目标。英语教师在学生英语学习的过程中扮演的是一个辅助性角色，为学生提供了良好的学习环境，科学的学习方法、丰富的学习内容，侧面促进了学生英语学习成绩的提高。

（3）个别差异的原则

学生都是一个个独特的个体，他们的成长环境不同，看待问题的角度、解决问题的方法也就不同，因此，在英语教学中，教师不能将所有学生一概而论，而是要正视学生之间的差异，灵活教学。

首先，教师需要承认英语教学中确实存在个体差异这一问题。著名的心理学家皮亚杰就在进行大量实验的基础上总结了导致学习结果的原因，一个是遗传，另一个则是后天环境，二者对学习的影响同样重要，任何一方受到损伤，学生都不会获得预期的学习效果。每个学生从父母那里所获得的遗传不同，学习经历也不同，这让他们形成了属于自己的独特的学习风格与学习方式。鉴于此，教师在教学中必须考虑学生的学习差异问题，要因材施教。

其次，教师不能片面评价学生，学生身上所具有的一方面的能力不应该成为教师评价学生的唯一标准。美国心理学家加德纳（Gardner）曾经对人的能力问题进行探究，经过分析，他发现人本身具有很多能力，且这些能力在人发展过程中表现的程度并不相同，这就让我们看见某一个人他们的某方面能力强，某方面能力弱，也正是因为这样，所有个体才会存在显著的差异。这给英语教师以启示，其不应该因为看到学生一方面的能力，就将这种能力作为评价学生的唯一标准，而是要全面地看到学生，既看到学生身上的闪光点，也要看到学生在某些能力上的不足。

最后，教师要认识到学生学习英语的能力也是存在显著差异的。加德纳的多元智能理论已经表明，在学习同一个知识点时，不同能力的学生所花费的时间与精力是不同的。反映在英语学习上，能力强的学生能非常快速地习得新的词汇、语法，能与教师、同学进行流利的英语对话；而那些能力相对较弱的学生则在习得新词汇、语法等知识上比较费劲，他们不仅要花费更多的时间，而且最后学习的效果也不是很好。人的大脑虽然构造相同，但是倾向性却不相同，那些在语言层面倾向性强的学生往往表现出较强的语言学习能力，而那些没有在语言层面表现出倾向性的学生通常不具备较强的语言学习能力，因而他们在进行语言学习时非常困难。这就要求教师要关注学生差异，对于学习能力强的学生，可以让他们学习一些有难度的知识，而那些学习能力相对较弱的学生可以让他们熟悉掌握基础知识。

（4）认识与情感相互渗透原则

在英语教学活动中，教师与学生教育关系的维系离不开双方共同的心理活动，这种心理活动主要表现为师生间的认识与情感交流。因此，对于英语教师来说，他们不能总是将心思放在教学上，还应该多多关注学生的心理变化，揣摩学生的学习心理，当他们因为学习而产生受挫心理时，教师就需要及时给予其适当的鼓励。

英语知识是抽象的事物，因此学生学起来可能会比较晦涩，因为对于学生来说，他们更愿意接受那些有情感、有趣的事物。教师必须认识到这一点，在教学中尽量用学生喜欢的教学方法进行教学，将普遍抽象的理论知识具象化，并融入一些情感因素，这样就能培养学生学习英语的兴趣，激发其学习积极性。

二、大学英语互动式教学的实施

（一）大学英语互动教学法的操作程序

1. 营造语境

在传统英语课堂上，教师主要的任务就是将教材上的知识全都传授给学生，教师虽然尽可能地将课堂时间实现了最大化地利用，但是学生在课堂上的参与感并不强，其始终无法真正提起对英语学习的兴趣，那么教师应该采取怎样的方法培养学生兴趣，就变得非常重要。

教师应根据教学目标与教学内容的要求为学生创设一个良好的求知情境。通过情境反映问题将会使问题变得更加生动，在情境中学生可以进行角色扮演，角色扮演的过程就是学生与学生进行互动交流的过程，学生在互动中不断培养自己的英语思维。

此外，情境并不仅仅存在学生与学生之间互动，也包括教师与学生之间的互动，教师主要的作用就是引导学生的学习思路，使学生产生一定要达成目标的心理倾向，从而激发其自觉主动学习的欲望。

2. 自主学习

在传统英语课堂上，学生与教师地位悬殊，教师主导着课堂的一切，学生只是被动地接受教师传授的知识，也就是说，在学习上，学生并没有展现出较强的主动性。而学习毕竟是学生的主要任务，是其分内的事情，教师只能从旁协助。因此教师要意识到学生自主学习能力对其英语学习的重要性，进而在教学过程中注意培养学生的自主学习能力。而在互动式教学中，培养学生的自主学习能力恰恰是其必要的环节之一，互动式教学认为教师应该给学生留下足够的学习时间，多给予学生学习的自由，让学生自主去思考，探究问题。

学生自主进行探究，是对新知识与旧知识的整合，是对英语学科知识与其他学科知识的整合，通过不同知识间的认知冲突与矛盾，学生可以获得从不同角度看待问题的能力，从而使其能够真正独立自主地完成学习活动。但是，需要注意的一点是，在学生进行自主学习的过程中，教师应该鼓励学生表达自己的观点，即使学生的观点有误，教师也不应该立即阻止他们，而是要他们继续下去，待观点表达完毕之后，教师才可以去纠正学生的错误，这样做的目的是保持学生思路的连贯性，维护学生的自信心与自尊心。

3. 合作学习

学生自主学习过程中蕴含着教师与学生的互动，而在合作学习中则蕴含着学生与学生之间的互动。学生个体自主学习有时并不能满足学生的学习需求，因此，教师可以对学生进行分组，使其以小组的形式实现合作学习。合作学习的实现基础是学生的自主学习，每一个学生的自主学习共同构成了合作学习，可以说，合作学习是一种主要存在于学生之间的互动活动。具体来说，教师需要先分析学生的学习情况，然后制定讨论的主题，明确讨论的要求，最后让学生以小组为单位进行讨论。当然，学生与学生所进行的讨论必然是各自发表观点的过程，在这一过程中，有问题的学生提出问题，能解答的学生给予解答，在一问一答的互动交流中，问题也就自然而然解决了。不过，需要明确的是，学生与学生的互动并不是合作学习过程中存在的唯一互动形式，教师与学生的互动也存在其中。学生在组内讨论过程中肯定会遇到一些问题，当学生无法解决时，教师就可以主动参与其中，向学生提供思路与建议，这是对学生的一种启发与引导，通过教师的引导，学生可以更好地完成小组任务。

在小组讨论完毕之后，各组就需要向全班展示自己的成果。当然，小组讨论的成果有突出的，也就会有一般的，教师要一视同仁，对于能力不强的小组，教师要给予其鼓励，而对于能力强的小组，教师要肯定他们的成果。此外，教师还可以让强组与弱组结对子，让两组一起就讨论的成果进行分享、交流，能力强的小组在展示自己成果的过程中能够体会到成功的喜悦，因而更加愿意参与小组探究活动，而能力弱的小组则可以从能力强的小组中学得探究的方法，这非常有助于其不断保持学习的热情。

总之，小组合作学习让学生与学生之间的频繁互动成为可能，每一位学生都可以在课堂上发表自己的看法，学生彼此之间都可以交换想法，分享信息。就是在这一过程中，学生的语言知识体系将会变得更加丰富，人际交往能力将会有所提高，更重要的是，他们也会增强学习英语的自信心。

4. 点评归纳

传统英语教学评价的主体是教师，学生在教学评价中的存在感较弱。而在互动式教学中，教师不再是教学评价的唯一主体，学生也可以参与其中，并且作用非常突出。在各组完成成果展示之后，就需要对各组成果进行点评，点评的手段并不局限于教师评价，学生自评与师生互评也是主要的评价形式。多样的评价手段能够帮助教师全面掌握学生的学习情况，进而分析学生在哪些知识点上存在问题，基于此，教师就能对自己的教学计划，内容、方法等做出适当调整。可见，评价的过程也是教师不断反思自己，实现教学优化的过程。

这一环节也包括师生互动与生生互动两种互动形式，无论是哪种互动，目的都是让学生可以进行独立思考，在探究问题的过程中培养学习英语的兴趣。在经过教师与同伴的评价之后，学生能迅速意识到自己在学习上的不足，进而主动查缺补漏，同时也能清楚自己的优势，并不断强化这种优势。

5. 延伸拓展

在传统英语教学中，教师开展教学活动的主要依据是教材，教学内容也多半为书本上的知识，甚至学生课下需要完成的作业也都是课本上每个单元的课后题，这让学生的学习活动始终围绕着教材进行，很明显，这种情况限制了学生的发展空间，学生甚至提不起对英语学习的兴趣。英语互动式教学很好地改变了这一现状，它进一步拓展了学生的学习范围，学生可以在课下借助其他先进的学习工具完成知识的拓展与更新。

不过，教师需要明白的是，对学生进行知识的拓展并不是其主要的任务，其首先应该要做的是将教材上的知识全都传授给学生，之后，若课堂上还有剩余的时间，教师就可以向学生传授一些拓展知识，同时布置一些拓展任务。比如，当讲到课本上的某一个知识点时，教师可以提出一些与之相关的延伸性问题让学生讨论，在讨论的过程中学生就能了解到更加新颖的知识，同时也能对旧知识进行及时巩固，最重要的是，这种讨论能够发散学生的思维，培养其创造力。

教室的空间有限，有些教学活动无法展开，例如有一些规模的情境活动就无法在教室中组织，这时教师就可以考虑适当组织一些课外活动。课外活动能让学生拥有更大的活动空间，想问题也更加自由。当然，这并不意味着课外活动要比课堂活动更有意义，两种活动侧重点不同，不可同日而语，最好的方法就是将课堂活动与课外活动结合起来，这样学生既能在课堂上学习到一些应该掌握的基础理论知识，也可以在课堂之外充分地发散自己的思维。两种活动相结合是一种比较新颖的教学形式，在具体实施过程中，教师要灵活一些，适当分配两种活动的课时。

在这一环节中，不仅有大家熟悉的生生活动，而且还包括学生与英文文本之间的互动，多样的互动形式极大地拓展了学生学习的范围，更重要的是，通过互动，学生能够收获更多其他科学的学习方法，提高自己的学习效率，并最终激发自己的学习积极性。不过，需要注意的是，这一环节并不是固定不变的，它具有一定的逻辑性，围绕着某种逻辑与规律不断变化，所以教师在拓展教学内容时一定要遵循互动的法则，保持适当的度。

(二) 大学英语互动教学法的师生角色

1. 教师角色

(1) 引导者

教师在英语互动式教学中扮演着引导者的角色，教师既引导学生解决问题，又鼓励学生大胆表达自己的想法。

(2) 组织者

英语教学有效性的实现需要教师具备绝佳的组织能力，只有教师将英语课堂组织得当，学生才能享受英语学习。而究竟组织什么样的活动，用什么样的方式组织活动，这就需要教师对学生的学习需求进行分析，了解了学生的具体需求，组织的活动才能为学生所喜欢，接受，教学的良好效果才能实现。

(3) 促进者

在英语互动式教学中，教师有着另一个角色——促进者，其促进作用主要体现在三点上：第一，教师鼓励学生参与教学活动，积极与教师进行互动交流；第二，教师能帮助学生找到学习上的不足，帮助其解决问题；第三，教师可以为学生创设教学情境，为其提供口语训练的机会。

（4）参与者

教师是教学活动的参与者，同时也是学生学习活动的参与者，在学生进行学习讨论的过程中，教师不能置身事外，可以参与其中，帮助学生发现问题、解决问题，教师的积极参与一方面可以让学生的学习变得更加高效，同时也进一步拉近了师生之间的距离。

2. 学生角色

（1）知识的主动建构者

在建构主义理论看来，学习不是一个被动的过程，而是一个学生主动探究的过程，学生利用一切可以利用的学习资源进行学习，从而能够完成系统的知识架构。在英语互动式教学中，虽然教师可以适当地给予学生必要的指导，但是教师应该清楚学习本就是一个学生自主进行知识建构的过程，教师不应过多干涉。学生应该努力培养自己的自主学习能力，主动对问题进行思考与探索，对自己的学习不足进行反思，这样才能最终完成知识的主动全面建构。

（2）活动的平等参与者

传统英语教学比较忽视学生主观能动性的发挥，而在英语互动式教学中，教师重视学生的主观能动性，学生也愿意将其发挥出来。学生应积极参与教学活动，与教师、学生进行良好互动，同时也要参与评价活动，学生评价将有利于教师把握自己的教学节奏与内容。

三、互动式教学在大学英语教学中的具体应用

（一）互动式教学在大学英语阅读教学中的应用

1. 大学英语阅读互动式教学的基本原则

（1）促进学生参与教学过程

在传统英语阅读课堂中，教师是主要“动”的一方，学生处于一种

被动的地位，他们只能被动地接受教师传递的知识。而且，学生在课堂上所学习的知识并不是由他们选择的，都是由英语教师事先选定的，这就导致一些知识并不为学生所喜欢，他们也就无法真正提起其对英语阅读学习的兴趣，英语阅读教学的目标也因此无法实现。

大学生的学习行为多受兴趣的引导，但是大学生的兴趣又具有一定的不稳定性，这就使许多学生在失去兴趣之后就不愿学习英语阅读知识了。学生如果没有强烈的学习欲望，那么他们就无法真正产生积极的学习行为。因此，英语教师要对英语阅读教学活动有清晰的认知与定位，不能仅仅将这项活动看作是一种单纯的教学活动，而是将其看作一种具有特殊意义的交往活动，该活动将人的肢体动作与情感联系起来，既要求学生动口、动手，也要求其动情、动思。这就要求教师在英语阅读教学中要有所作为，要采取一些比较有效的方法激发学生的学习兴趣，最好能通过创设情境的方法让学生的身体与情感都融入其中，这样既让学生体会到了阅读的乐趣，也进一步加强了师生互动。

（2）引导学生构建自己的知识体系

互动式教学并不要求学生全面掌握所有的固有知识，而是要让学生在学习知识的过程中能够做到新旧知识的融合，认识知识产生、发展的过程。在这一过程中，学生的学习活动将变得有意义，同时，学生也可以培养自己分析，解决问题的能力，获得不错的学习情感体验。不过，需要明确的一点是，大多数大学生虽已成年，但这并不意味着他们已经具备了非常丰富的知识学习经验，与教师相比，他们还是“新手”，因此，教师需要为学生架起一座可以连接新知识与旧知识的桥梁。具体来说，教师在讲解新知识的过程中一旦遇到与旧知识相关的内容时，就可以向学生提问，以引发他们对旧知识的思考，同时也起到巩固旧知识的作用。

（3）及时反馈矫正，督促学生进步

集体教学必须依靠每一个学生的反馈，反馈不仅能在一定程度上提高教学的质量，而且还能较大地提高教学的效率。此外，持续性的反馈过程同时也是师生一次次互动的过程，在这一过程中，教师了解了学生的学习需求，学生也了解了教师的教学计划。

2. 大学英语阅读互动式教学的实施策略

(1) 教师与英文文本进行互动

英语阅读教学长期受应试教育的影响，教师在选择英语阅读材料时也是维护“英文文本权威”，同时，学生也受教师的影响，唯“英文文本”独尊。教师总是千方百计地想着搜集各种阅读材料，然后根据自己的想法对材料进行分析，引导学生按照自己的教学思路进行阅读学习活动，这让英语阅读教学的生动性大大减少，教师只是在给学生提供标准答案，学生并未获得多少思考的机会。

现代阅读观与传统英语阅读理念并不相同，在它看来，阅读始终是一个动态的过程，它是读者与英文文本之间相互作用、建构意义的过程。这其实也在表明，阅读并不是一项被动的活动，它是读者的主动活动，因此，学生在进行英语阅读时，也应该积极地多与教师、英语文本互动。同时，教师也应该转变教学观念，多增加与英语文本的互动，对文本进行深入解析，以满足学生的阅读需求。

对于英文文本的意义，在现代知识观看来，其具有非常大的不确定性，不仅教师可以对其进行解读，学生也可以，并且在教师教学与学生学习的过程中，英文文本的意义还可以一次次被重新界定。所以，教学过程绝对不是一个可以永远保持平衡的过程，它是一个失衡再平衡的过程，从这里可以看出，教学过程并不是死板的，它始终处于一种动态生成的状态。

对于英语阅读教师来说，他们在进行英语阅读教学之前，应该对英文文本有着自己的理解。也就是说，教师的一切教学活动可以以英文文本为依据，但是要从实际情况出发，要有选择地将文本内容教授给学生，与英文文本进行高效的互动，一切以英文文本为出发点的想法与行为都是片面的。

在整个英语阅读教学中，教师的角色非常重要，他可以是阅读活动的先行者，同时也可以是教学活动的整个设计与策划者。从这个层面出发，教师与英文文本的互动有其不一样的内涵，主要有以下几点：

第一，教师要尽量将英文文本吃透，同时在这一过程中还要开发文本。教师只有对英文文本的所有内容都进行深刻理解，才能将其转化成自己的知识体系，才能在以后顺畅地与英文文本，学生互动。

第二，教师还需要能够对英文文本进行适当的加工。需要清楚的是，英文文本的编写是一个主观过程，不可能尽善尽美，总是会存在一些不足。从当前英文文本的使用情况来看，这些文本使用的时间都比较长，没有与时代的发展相适应，很明显，这种停滞更新的文本是无法激起学生的学习兴趣的，更不能让学生与文本达成良好的互动。所以这对英语教师提出了比较高的要求，要求教师可以根据学生的实际需求选择英文文本。需要指出的是，英语阅读教学已经在选择英文文本方面有了很大的改善，但是，出于人力，成本等方面的考虑，英语教材是不可能做到每年更新的，因此，英语教师就必须在英语阅读教学过程中弥补这一方面的不足，能够在备课时就对文本进行必要的更新。

第三，教师不能唯英文文本“独尊”，而是要具有敢于质疑文本编写者的勇气与能力，这样才能促使文本的不断完善。英文文本应该是与时俱进的，应该是能够满足学生学习需求的，教师是最了解学生的，所以他们可以总结学生的意见对英文文本的编写提出相关建议，这样就能使文本变得更加科学。英文教材现在也在面临改革，改革者必须学会倾听英语教师的意见，积极鼓励英语教师参与到教材的编写工作中来。就是在英语教师与英语文本的互动中，英语教材的编写工作变得更加顺畅，科学，同时教师的英语阅读教学也变得更加轻松。

（2）学生与英文文本进行互动

二者之间的互动能够最大限度地将自主学习的理念展现出来。学生是一切学习活动的主人，英语阅读活动也不例外，他们只有自己主动地参与阅读活动，才能真正学会阅读。这就要求教师在教学过程中要积极引导学生参与阅读实践，加强学生与文本之间的互动，让学生在阅读过程中体会文本作者的思想。在传统英语阅读教学过程中，学生的主要任务就是阅读，在阅读过程中，他们并没有能够对文本做出自己独有的分析，其自主学习能力也没有获得培养。而学生阅读能力的培养是需要在其与英文文本的互动中实现的，可见，学生与文本的互动是非常有必要的，而且是非常重要的，无论是教师，还是学生，都不能忽视这一点。

①鼓励学生提出自己的见解

现代学生通过互联网可以接触到更多的知识，更多的人，他们的思想更加开放，生活更具有独立性，更希望在学校与家庭中获得更多的自主权。这种意识映射到学生的学习活动中，改变了他们的学习方式，当前，自主、合作、探究的学习方式是其追求的主要方式。不过，在学习的过程中，他们不可避免地都会受到原有知识体系的影响，久而久之，学生就会形成一种学习的惯性心理，该心理让学生的学习停滞不前，无法将其创造性思维发展开来，从而使其学习活动变得更加死板。从这一实际问题出发，英语教师要摆脱文本束缚，分析学生学习的实际，用更加灵活的方法引导学生发散自己的思维。

让学生发散自己的思维，教师可以在课堂上多组织学生对某一问题进行辩论，在辩论中，学生可以提出自己对问题的看法，从而让不同的观点、信息可以在互动交流中生成，这可以帮助学生摆脱僵化思维的束缚，使其更愿意参与英语阅读活动。教师需要清楚的是，英语阅读教学不是一个简单的认知活动，更是一个促进学生发展的活动，学生在进行阅读教学的过程中，不断获得新的生命体验，不断发展。

②鼓励学生开展心灵上的互动

阅读教学不应该是教师一人单独的活动，学生的阅读行为也是阅读教学的一部分，因此，学生也应该积极参与到阅读教学中来。教师在教学过程中要以积极的情感引导学生，让学生能够对英文文本加深理解，感悟文本作者的思想。此外，学生对文本的解读，方式绝对不能固定，其应该是多元化的，学生要学会在对文本解读的“入”与“出”中提高自己的英语水平。下面将简要介绍一下文本解读的“入”与“出”。

“入”就是要求学生能进一步贴近文本，能在对文本熟悉的基础上了解文本的深层次内涵，意识到文本的主旨，并最终做到与文本的良好沟通。当前，英语教材中所选择的诸多文本都是编写者进行诸多考虑的结果，因此也大都做到了文质兼美，文本的质量得以保证。教师要帮助学生挖掘文本的价值，在学生与文本中间架起沟通的桥梁，使学生可以更加高效、顺畅地解读文本。“出”就是要求学生能在文本中学到的英语知识进行转化，在后续的英语学习中能灵活使用它们。英语阅读学习与其他英语学习都是相通的，从英语阅读中学到的知识在任何其他英语学习环节中都可以实现转化。

(3) 教师与学生之间进行互动

①营造和谐轻松的氛围

现代心理学的理论已经证实，当大学生处于一种较为轻松愉快的环境时，其思维活动才会更加活跃，其知识的学习才会更加高效。从这里可以看出，为学生营造一个比较轻松的学习氛围也是至关重要的，而构建新型师生关系又是其基础与前提。

在教学过程中，教师要树立师生平等的意识。在英语阅读课堂上，不再一味地带领学生阅读、分析文本，而是鼓励学生的参与，让学生可以对文本进行分析，发表自己的看法。而当学生对某些问题产生困惑时，教师要肯定学生这种善于思考的行为，并对其这种行为进行大加赞赏，绝对不能因为学生提出的问题可能超出自己所能回答的范围而否定，甚至苛责学生。英语阅读教学是教师与学生进行良好互动的过程，教师要学会倾听学生的想法，要了解学生对文本的认识情况，只有这样，教师才能以学生实际为出发点，为其创设一个轻松的学习环境。

在具体的教学过程中，教师还要学会灵活地使用教学语言，教学语言在英语阅读教学中发挥重要作用。首先，教师需要在课堂上使用体态语。一般来说，体态语主要包括眼神，面部表情、手势，微笑等动作。例如，眼神的使用部分，教师要尽量能够使用自然、肯定学生，鼓励学生的眼神去鼓舞学生，通过眼神实现与学生的情感交流。面部表情部分，为了让学生可以接受教师的教学，认识到阅读学习的重要性，教师在日常教学中要保持一种严肃的神情，除此之外，为了拉近与学生的距离，在严肃之外，教师还要给予学生必要的温柔，在课堂上可以对学生微笑。其次，教师还要在课堂上多使用能够激励学生学习的语言。激励性的语言能够激发人类内心深处对知识的渴望，教师多使用这些语言可以激发学生进行英语阅读学习的欲望。

总而言之，在英语阅读教学过程中，教师不能忽视学生的学习感受，要尽可能用一些鼓励性的教学语言引导学生，让学生感受到自己是被重视的，从而便会投入更大的精力在英语阅读学习上。更重要的是，久而久之，教师与学生的和谐互动就会实现，尤其从情感层面上来讲，教师与学生也就完成了深层次的互动——情感互动。这样一种建立在教师与学生相互信任上形成的课堂氛围，不仅有助于提高教师教学的质量，而且还能提高学生学习的积极性。

②师生共同进步，实现教学相长

在英语阅读教学中，教师要放下过去自己的“师长”架子，对学生进行重新认识，学生不仅仅是学生，他们也可以是“教师”，教师可以从他们身上学习到一些东西，这就要求教师要以更加开放的态度看待师生关系，在英语阅读教学中多与学生互动，了解学生的学习需求。深入探究之后就可以发现，教师进行阅读教学的过程其实也是一个不断进行学习的过程，教师在进行课堂教学时，其可以在教材的辅助下厘清教学思路，完善知识结构体系。有些教师在教学过程中还会受到学生的启发，从而产生一些新的想法，对原有的文本产生新的认识。同时，教师也可以让学生对自己进行提问，这样教师就能了解学生的真实想法，从而更好地反思自己的教学行为，完善自己的教学设计。可见，英语阅读教学能够帮助教师与学生实现共同进步，教师的教学更加优化，学生的学习也更加高效。

③善用评价，及时反馈强化

第一，随机评价。认识阅读教学过程可以从信息论的角度出发，从这一点上来看，教师与学生不断对文本进行信息输入，输出，并进行评价的过程就是阅读教学过程。英语阅读教学需要评价，教师与学生进行相互评价，将促进二者实现共同进步与发展。教师给予学生的评价，可以让学生在第一时间了解到自己学习的实际情况，对于自己存在的不足，学生也能尽快了解，从而积极改正。而学生给予教师的评价，能让教师认识到自己在阅读教学中存在的问题，从而进一步优化英语阅读教学，摆正教学心态，为学生提供更加不错的教学内容与方法。不过，当教师获得学生的反馈之后，需要对学生的学习情况做出评价，但是该评价看似非常“及时”，能让学生清楚自己的学习情况，但是同样也有一个明显的不足之处，那就是其他同学的创新意识很大可能会被扼杀。不少研究已经表明，人们的思维活动非常复杂，那些比较具有创新性的想法并不会存在于人类思维的全过程，主要存在于思维的后半程。这就要求教师在英语阅读教学中不能只是单纯地教授学生英语知识，而是能够采取一切手段激发学生的创造性思维，而从教学评价这一个层面上来说，就要求教师可以利用“延迟评价”原则鼓励学生发表自己的见解。该原则要求教师可以给学生留出一些充沛的时间，让学生进行讨论，在讨论中发现问题的不同解决方法。而当学生产生答案之后，教师不能立刻对学生的答案进行绝对的“对”“错”评价，而是要给予学生适当的引导，引导学生彼此进行评价。

第二，小结评价。教师对学生的阅读学习评价是多方面的，不仅要对其阅读知识掌握情况进行评价，还要对其参与阅读实践的情况进行评价，只有多方面的评价才能帮助教师全面了解学生。而小结评价就是一种可以让教师对学生进行全方位评价的一种评价方式。小结评价的内容是对某一课或者单元的内容进行评价，通过这一评价，教师能帮助学生全方位把握其需要学习的知识点，同时帮助其建立自己的知识结构体系。同时，学生反过来也可以评价教师的教学，对教师的教学方法、手段等进行评价，这样教师就能清楚自己在英语阅读教学中存在的问题，从而在下一课或单元教学中做出改变。

总而言之，评价不能是单方面的，教师与学生的双向评价才是英语阅读教学不断发展的动力，同时，教师与学生也能在彼此的评价中不断发展。

（4）学生与学生之间进行互动

一般来说，学生对文本的解读主要包括三个方面：学生自己对文本的独自体会，教师对学生的引导、学生与学生间的相互影响。在前面的诸多论述中，对于学生与学生间的相互影响并没有深入探究，但是，它也是促进英语阅读教学发展的重要因素之一，这是因为学生与学生就文本进行讨论可以使其与文本之间达成良性互动，从而使学生能更加清楚地认识文本。

在课堂上，学生对教师存在一种天然的敬畏感，他们总是习惯跟在教师后面，这导致其并无法形成创造性思维，思维发展受到明显的限制。不过，存在于学生之间的讨论往往不会出现这种情况，这是因为学生彼此之间是平等的，他们相互了解，因此在讨论过程中他们可以轻松地表达自己的观点。而且学生所提出的观点，在其他学生看来并不具有与教师观点一样的权威性，因此他们是没有必要全部接受的。在这种情况之下，学生之间更容易产生多样的信息，更容易理解对方，也更容易促进英语阅读的学习。

（二）互动式教学在大学英语听力教学中的应用

1. 互动式英语听力教学的教学方式

（1）提问式

提问的方式可以让学生在课堂上利用英语进行回答，这样学生就获得了锻炼英语听力与口语的机会。教师提问的问题应该是学生所熟悉的，是学生感兴趣的，只有这样，一来一往的提问才能顺利进行。

教师在进行提问之前应该设计出一些相关问题，这些问题要尽量具有艺术性，能够为学生构建一个轻松，具有人文性的教学环境，同时还要进一步拉近师生关系，这样，学生才会感受到英语阅读学习的乐趣。此外，教师为学生设计的学习内容也应该与学生的实际生活相联系，这要求教师可以在课前与学生进行英语对话，了解学生最近的生活与学习情况。与学生生活、学习密切相关的话题能激发学生的沟通欲望，能让学生更愿意与教师交流，学生英语学习也就变得更加顺畅。

可见，培养学生的交际能力是非常重要的事情，在课前的日常热身对话完毕之后，教师就可以将话题自然地引导到课本内容上来。在讲解课本上的听力内容时，教师可使用互动式教学方法，一般来说，这种教学方法在听力教学中的应用主要有以下三个步骤：

第一，预习听力材料。在进行新课之前，教师需要适当给学生布置一些预习任务，学生可根据任务对需要学习的内容进行猜测。

第二，分析听力内容。让学生深入分析听力内容，不仅要让其从基础层面出发了解听力材料中需要其认识的新词汇、语法，而且还要对听到的内容列出提纲、独立组织。教师要鼓励学生积极将自己听到的内容阐述出来，当发现学生表达有误时教师不宜立即阻止，而是要等到学生阐述完成之后再对其问题进行纠正，尽量不要打乱学生的表达节奏。

第三，巩固练习。为了巩固互动式听力课堂教学的成果，学生需要进一步对已经学习完的听力材料进行巩固练习，教师可以让学生在听完之后进行讨论，以实现教师与学生，学生与学生间的沟通。这种互动不仅能让教师了解到学生英语听力学习的实际情况，还能进一步激发学生英语听力学习的积极性。

（2）小组互动式

小组合作学习是学生重要的学习方式之一，该方式能让学生在共同协作中展示自己的个性，在培养合作精神的过程中形成良好的人际关系，更是能将个人学习成果转化为共同的学习成果，使学习效果得以加强。

①小组划分的原则

小组合作学习的实施并不是随意的事情，需要遵循一定的原则。小组成员要保持自己的异质性与代表性，在小组内部，成员们都可以从别的同伴那里获得经验，同时看到自己的不足。

②小组划分的形式

一般来说，小组合作学习的实施可以有三种形式：第一种是教师比较常用的形式，就是学生与各自的同桌自动形成一个小组，这同时也是一个比较经济的分组形式，同桌之间彼此相熟，在进行问题探究时会更加默契；第二种是四个人为一个小组，四个人的小组形式也是遵循了距离就近原则，可以是前后位四人组成一个小组，也可以是横向两个同桌组成一个小组，该形式非常适合链锁问答；第三种可以以座位的一竖行为一组，不过，需要指出的是，这一形式有其不足，它可能在单词复习时会给学生带来不便。无论采用小组，横排、竖排、同桌，四人或随机排列，具体采用哪种小组划分形式，还需要教师根据教学的实际情况做出选择。

③具体实施步骤

第一，出示探究问题。教师提出的问题应该是经过深思熟虑的，为了激发学生的探究积极性，教师应适当提高问题的难度，同时还要贴合学生生活的实际，这样，学生就能更加主动地投入英语听力学习中。

第二，小组合作探究。小组合作是有一定顺序的。可以组成 4～6 人的异质小组，然后给了他们一个问题，让他们根据问题进行讨论，在讨论过程中他们就会发现自己的优势与不足。教师需要对小组讨论情况进行及时掌握，当讨论遇到瓶颈时，教师还可以适当地对学生进行指导。大量的小组合作教学实践已经表明，这种小组活动在很大程度上可以提高学生学习的主动性，同时还能增进学生与学生间的了解，促进其彼此间的共同进步。

第三，组际间互相交流。在小组组长的带领下，各小组成员分工明确，共同探究问题，当各组讨论出结果之后，教师可让每个小组就答案的正确与否进行讨论。小组内部可以推举一个人作为代表与其他小组进行交流，如果小组代表的发言内容不足或者出现某些问题时，小组其他成员也可以进行补充或纠正。除了推举一人进行结果汇报与交流，也可以采用小组汇报这种集体形式进行。不过，不论是采用哪种形式，教师都应该对小组经过讨论得到的答案给予肯定。

2. 互动式英语听力教学的实施策略

英语教学最为直接的目的就是通过向学生传递听说读写这些基础理论知识，使学生掌握必要的英语基础知识技能，从而使其最终可以在交际中灵活运用。语言的学习一般都是从听开始的，因此大学英语教学应该关注听力教学，教师在英语听力课堂上也应该选择适当的策略，注意培养学生听力学习的信心。

通常情况下，教师在英语听力教学中使用的策略主要有以下几种：

第一，解析标题。这一策略有其主要运用的领域，主要应用在训练学生主题听力技巧上。在使用这一策略时，教师先要向学生介绍一些任务，这些任务能够保证学生在具体听的过程中把自己的注意力放在文章的主要内容提炼上。然后再播放录音材料，让学生根据所听材料选择适当的标题。

第二，进行概述。这是对文章主旨进行概括的策略。当学生听完材料之后，教师可以让学生对整个文章的大意进行总结，然后再提供给学生几个关于文章概述的选项，让学生根据自己听的内容进行选择。

第三，学会排序。教师可以把听力材料的顺序打乱，然后向学生布置一些相关任务，之后播放听力材料，要求学生根据听到的情节对故事顺序进行重新排序，当学生完成排序之后，教师就可以对学生的顺序调整做出最后评判。

第四，复式听写。这一教学策略的主要目的是让学生从听力材料中获取具体的信息。在播放听力材料之前，教师要事先告诉学生哪些比较重要的地方已经删掉，进而提醒学生在听的时候注意这些地方，在完成听力之后，学生需要将被教师删除的部分填补上。

听力训练的过程是一个并不容易的过程，训练形式也是多种多样的。教师在具体实施听力互动式教学策略时，应该遵循听力教学的相关原则，要从学生对与教师、文本的互动需求出发，这样才能提高英语听力课堂教学的质量。

（三）互动式教学在大学口语教学中的应用

1. 互动教学法对英语口语教学的启示

（1）确立正确的教学目标

存在于英语课堂上的口语互动都是以教师的启动为前提的，特别是教师在教授新课之前，应当吃透教材，精心组织教学活动。而这些都需要教师围绕教学目标进行，正确的目标是教师进行教学活动的风向标，目标正确，教师才能沿着正确的教学道路前进。

（2）及时引导学生

在英语互动式口语教学过程中，教师一般会利用一些小问题将自己与学生联系起来，促进二者产生良好互动。在教师提出问题之后，学生需要及时回答，但是教师不能盲目认为所有学生都能迅速给出正确的答案，每个学生都是有差异的，学生水平不同，其思考答案的速度也是不同的。对于那些存在思维或语言障碍的学生，教师不可以要求其迅速给出答案，而是要运用恰当的方法对其进行积极引导，引导所使用的语言不要太生硬，最好能委婉一些。引导学生的过程就是教师与学生进行互动的过程，当学生进行英语口语训练时，教师可以给予其恰当的引导。

2. 大学英语互动式口语教学的操作程序

（1）确定目标，抛出问题

在传统口语教学中，教师走入课堂就开始讲课，并未明确口语教学的目标，而在英语互动式教学中，教师首先要做的就是要确定教学目标。当目标确定之后，学生就会自动生成渴望完成目标的心理倾向，并且在教师的客观刺激下，学生的学习积极性也能被激发出来。围绕着教学目标，教师制定教学计划，实施教学策略，学生制定学习计划，选取学习方式，并且在教与学的过程中，教师与学生完成了良好的互动。

此外，英语互动式教学的实施还需要一定的问题启示学生的学习。对于问题，它需要具备两个特征：第一，启发性，学生在思考问题时可以联想到其他相关知识，可以激发自己的好奇心；第二，发散性，问题不应局限于一个知识点，而是能让学生根据这一个问题发散自己的思维，拓宽自己的学习视野。除此之外，还需要格外注意的是，教师所提出的问题不能太难，也不能太易，而是要适中，能合理反映学生的学习情况，同时也能激发学生的学习积极性。

（2）创设情境，实践演练

英语口语教学非常注重情境演练，情境是学生接触英语知识比较直观的方法，它是英语教学比较关键的部分。创设情境主要能发挥两方面的作用：第一，能加深学生对英语知识的理解，这是因为教师所创设的情境往往贴近生活，学生在这种情境中学习，自然可以更好地了解这些知识；第二，能让学生感受到英语学习的真谛，在具体的情境中，学生能体会到英语语言的魅力，认识到英语语言知识并不是唯一的学习内容，文化学习也同样重要。在情境中练习口语，学生能直接感知英语国家的文化，清楚了解在英语口语交际中的文化问题。

（3）鼓励思考，帮助学生拥有自己的思考空间

任何知识的学习都不容易，除了教师教授给学生的知识外，学生也应该拓展自己的思考空间，依靠自己的努力获取知识。

（4）组内讨论，组际交流

在思考完成之后，讨论与交流是必需的，一般来说，其主要包括两个部分，一个是组内讨论，另一个则是组际交流。

教师对学生进行分组，提供给其一个可讨论的题目，学生就这一问题进行组内讨论，在激烈的讨论中，学生的口语能力得到了锻炼。同时，当学生在对某一问题产生疑惑时，教师就可以对其进行恰当引导，通过与教师的交流，学生的口语水平也得到了一定程度上的提升。

组际交流是另一种交流的方式，它是小组讨论的进一步拓展。当各小组完成问题探讨之后，教师就可以让各组进行组际交流，在各组交流的过程中，教师不应该打断他们彼此间的对话，即使交流过程中出现问题，也应该当交流结束之后，教师再对其进行指导。

（5）及时评价，总结反馈

在教师与学生互动的过程中，教师要对学生的学习活动进行评价，

主要评价学生的学习意识，学习态度等。不能采用一种评价方法评价学生，因为每一个学生都是不同的，教师要尽可能采用多样的评价方法，以尊重每一位学生，正确评价每一位学生。评价是对英语互动式口语教学的总结，通过评价内容与结果，教师可以总结出自己在教学过程中的不足，也可以总结出学生在学习过程中的不足。

(四) 互动式教学在大学写作教学中的应用

写作是一个复杂的过程，它不是由作者一个人完成的，而是需要一个群体活动的相互配合。以下从写作前、写作中和写作后三个方面对于不同阶段的英语多元互动式写作教学应用进行了分析。

1. 写作前

写作前是第一个阶段，即准备阶段。这个阶段主要有三项任务：划分小组成员定主题、收集资料、学习基本的写作技巧。在这个阶段教师要充分发挥主导作用。在传统的课堂教学中，学生的座位总是按前后顺序列成几排，后排的学生只能看见前排学生的头，这种设置方式使学生之间缺乏必要的交流和沟通。因此，在互动式写作教学中学生座位的设置非常重要。在活动之前，教师可根据人数把学生分成几个小组，每组5～6名学生，小组成员各自担负一定的职责，如发言者、记录员、主持人、检查员等。为了方便学生的交流，在互动式教学中教师可以把学生的座位排成圆形。在学生落笔开始写作之前，教师要指引学生进行前期相关工作的准备。首先，教师要精心选择作文题目，所选题目既要与学生的学习和生活密切相关，又要让学生感觉有话可说。其次，教师应组织学生一起阅读作文题目，给予学生讨论和思考的时间，提供给学生之间互动的机会，针对主题提出引导性的问题、列出要点等。学生可以通过阅读范文来收集资料，因为阅读范文能够扩大和启发学生的思路。在阅读的时候学生要学会善于分析和判断，积累素材时要认真思考和抉择。学生还可以利用网络资源来搜寻材料。

在写作前阶段，教师应当指导学生了解体裁的类型与文章的主要作用。有别于其他语言，在不同交际场合下英语的使用风格不尽相同。不同体裁的语篇模式可分为四大类型：一般特殊型、问题解决型、设定真实型、匹配比较型。而使用的体裁则涉及说明文、议论文、实验报告、科学论文、书信、记叙文等。对学生进行语篇分析观察能力的培养，能够使他们从微观角度对语言篇章进行理性把握，从而降低学生语篇的认知障碍。除此之外，教师在写作课堂上还应当指引学生学会使用各种策略来完成写作，例如：怎样把握作文的结构和层次，如何开头、结尾，段落内容应当怎样展开；怎样修改，如何加强句子之间的逻辑衔接、段落之间的自然过渡和意义上的递进或转折；怎样才能加强语言表达的精确性，如何更好地更正词汇、句子结构、语法等细节问题。

总之，在写作前阶段，教师需要指导学生分析不同体裁的语篇所具有的不同交际目的和语篇结构，更好地为以后的写作建立基础，让学生写出合乎社会规范的语篇。

2. 写作中

在经过写作前的准备活动之后，学生进入实际写作阶段。此阶段主要的活动有打草稿、评改、重写。在课堂教学中教师必须能够有意识、有目的地进行角色之间的转换，推动学生间的互动活动，调动他们的参与意识，使学生成为课堂教学的主体。课堂上教师要组织学生对写作前收集的材料进行筛选，因为收集的材料不一定都能用上，要选取那些有价值的信息，告诉学生在写作时不要担心问题的出现。当学生独自完成初稿后，教师提供评分标准并组织学生进行修改。许多学生没有掌握修改的技巧，也不知道怎样才能修改好自己的作文，更谈不上能对别人的作文提出建设性的修改建议。因此在课堂上教师可以进行具体的示范，让学生明白修改应从哪些地方入手才能进行有意义和有成效的修改。在教学过程中教师提供了学生或同伴互评的参考标准。学生完成一篇作文通常需要经过多次修改，而修改是一个很复杂的过程。写作评改有以下几个步骤：

第一步，自我修改。指的是来自学生本人个体的反馈，自我修改换言之就是学生根据学习过程中出现的错误进行自我的检查、辨析和订正。学生阅读自己的文章并进行修改，可以从以下几个地方入手：单词拼写、标点符号的选用、段落和文章的层次结构等。

第二步，同伴互改。同伴互改的含义是指在学生之间或小组成员之间彼此对同伴的作文提出修改建议，同伴互改的根本宗旨是让学生通过必要的交流完成写作任务，充分发挥他们在学习中的主体作用。研究者们一直密切关注着同伴互改这一方法在写作教学中的应用。学生写完作文之后，首先与同桌同学交换、互相修改。学生把自己的作文交给同伴，这是他们的作品第一次见到读者，也是第一阶段工作的延续。学生相互修改既要检查并指出同伴的作文中出现的问题，也要肯定文章中出现的经典句子。通过对对方的作品做出反应，可以从中看出第一阶段的学生自我评估工作做得成功与否。这里的同伴互动，既是行为互动，也是思维互动，既促进了学生间知识的交流，又加深了他们的情感融入。

第三步，小组评改。这项评改工作可在组内和小组之间进行。教师在小组评改前先公布本次评改的侧重点。小组的每一个成员轮流朗读自己的作品，使自己的作品与更多的读者见面，而小组作为一个团队共同评议每位成员的作品优缺点，可从几个方面入手：寻找作文的主题句、作文的逻辑顺序、文章的立意与选材，发现习作中的优缺点。最后把小组成员的意见进行汇总，并给出分数。等各个小组都完成任务后，再进行小组之间的交换，以便得到进一步的检查和修改，修改后上交给教师。学生互评是在平等的基础上进行的，有助于消除学生在交流时出现的焦虑情绪，通过小组互改，能创造出更积极有效的课堂气氛。写作成为同学之间交流和沟通的桥梁，而不再是等待教师评语的艰巨任务，这对于学生来说能够从心理上更加容易地消除他们的写作畏难情绪。

3. 写作后

在学生经过相互评改之后，教师要及时收集学生的文本进行检查，根据学生互评的结果进行讲评和总结。教师对学生在互评过程中出现的共性问题加以分析和总结，引导学生对出现问题原因做进一步深入的认识，以及提出避免问题产生的有效方法，保证学生的互动活动得到及时的反馈和指导。最后学生在修改的基础上进行重写。在评价过程中，教师应对学生多一些关爱和鼓励，帮助学生认识自我、建立自信，让学生在教师的指引下，愉快地进行英语写作，提高写作兴趣。

课后反馈属于写作后的一个关键环节。批阅学生习作，是教师与学生进行交流的好机会。教师可以直接对文章进行批改，纠正语法、表达、结构等错误，同时多元互动式写作模式强调学生也可以在文中标出写作过程中的疑问之处，让教师进行有针对性的批改，并将结果及时反馈给学生，让学生及时了解到自己写作中的弱点和问题所在，并及时纠正。只布置题目不及时反馈，会极大地降低学生写作的积极性，同时也是对写作本身价值的一种浪费。反馈应点面结合，既注重语言、语法等细节，又注重篇章结构、总体思想表达等。教师还可以组织学生进行同学间的相互批改，集思广益，实现学生间的互动，让学生从读者的角度审视文章，加深对各种写作错误的认识，让犯错误的学生从所犯的错误中学到知识，避免再犯，让未犯错误的学生防患于未然。

第四章　大学英语教学策略

第一节　大学英语教学组织、传递与管理策略

一、教学组织策略

（一）英语知识组织策略

人的语言交际能力包括语言能力和运用语言的能力。语言能力是指学生对语言知识（即语音、语词、语法、文化知识等）的掌握；语言运用能力是指学生具备的以听说读写等形式运用语言、实现特定的语用目的的能力。倘若学生没有掌握语言知识，就不可能具备运用语言的能力。语言知识和语言运用的能力相结合才是语言学习应达到的目标，因为它们就像一个硬币的两个面，是构成语言交际能力不可分割的两个组成部分。因而，促使学生掌握一定的语言知识和具备听说读写语言交际能力是英语教学的目的。

1. 语音知识组织策略

语音是我们运用语言进行口头交际赖以传递信息的媒介，可以说，语音是语言的外壳，是整个语言学习的重要基础；学生的语音水平对于其听、说、读、写、译各项技能的发展都起到直接或间接的制约作用。因此，语音教学是英语教学过程中的一个至关重要的环节，在相当程度上决定了学生在英语学习方面的发展。

2. 语词知识组织策略

语词是语言的基本要素，是组成句子的基本单位。语词包括音、形、义三个结构要素，学习和掌握语词的音、形、义三个要素并在交际

活动中灵活运用语词的过程，是一个复杂的心理认知过程。语词教学包括意义、用法、使用策略等方面的内容，教师应根据词的不同特点、学生在学习时的认知规律、学生已有的知识、经验和个性心理特点等，采用各种不同方式，揭示语词的本质特征。

语词知识教学应当遵循的组织策略主要有以下六个方面。

（1）选择恰当的语词

一般来说，所选择的语词应是出现频率较高，或者常常造成学习中的困难、具有一定的代表性的语词。这样，通过一部分单词的学习可以使其他单词的学习变得轻松。

（2）合理确定语词学习目标

一个成年的非语言文字工作者掌握的本族语的语词中，一般只有1/5是能熟练运用的语词，4/5是理解性的语词。一般的外语学习者所能熟练运用的外语语词也只是其总语词量的1/3，其他2/3是理解性的语词。

所以，我们在语词教学中，应该根据这一比例，合理地确定语词学习的目标。这样可以大幅度提高语词教学的有效性，降低语词教学的难度，尤其是记忆单词拼写形式的难度，进而提高学生的语词运用能力。

研究表明，利用语境学习语词是语词学习的主要途径。语境可以为学生提供目标语词的意义及其他相关信息，学生根据语境提供的这些信息，定位目标词的词性，弄清目标词的搭配，理解含有目标词的句子与比邻句子之间的关系，从而逐步掌握目标语词。

（3）本着直观性、情境性和趣味性原则展示语词

直观性就是指利用实物或教具展示物质名词，利用动作展示动词，利用面部表情或体态动作展示表情词语等。同时，教师还应当引导学生通过分析阅读或听力材料，自主领悟和推理单词的用法，将语词教学与技能教学融为一体。

（4）引导学生在具体情境下使用语词

如果学生不能够在真实的语境下使用语词，则很难掌握单词的用

法，更谈不上发展口头表达能力和笔头表达能力。因此，语词教学并非仅仅是指对语词音、形、义方面的讲解，还包括为学生提供具体的情境让学生使用语词。

（5）帮助学生了解语词所包含的文化含义

语言是文化的载体，要恰当地使用语言就必须了解相关的文化知识。因此，语词教学不能仅限于引导学生了解语词的字面意义，必须了解单词的语用意义，同时还必须掌握单词的文化意义。

（6）利用记忆规律、学习风格帮助学生记忆语词

对于学生来说，单词的词形与读音记忆是一大难点，因为英语是拼音文字，而汉语是象形文字，同时由于语言历史的原因等，英语的拼写形成了同一语音不同拼写形式的现象。

不同学习风格的学生有着不同的记忆方式，我们应该基于学生的不同学习风格，引导他们掌握不同的记忆方法和策略。比如对于视觉型学生，边看、边写、边拼读可能是有效的，学习词缀等构词法也是有效的，但是对于听觉学生，可能需要边听边看，口头拼读单词才能更好地记忆语词。

3. 语法知识组织策略

语法是语言能力的一部分，掌握语法知识可以帮助学生认识语言本身的规律，从而主动、积极地学习语言。学生掌握一定量的语法知识有助于学生理解，甚至监控、纠正语言的输出，为准确表达提供可靠保证。

语法知识教学应当遵循的组织策略主要有以下四个方面。

（1）注重语法教学的系统性

语法是语言系统规律的体现，语法教学也必须符合系统性。系统性原则要求语法教学依据教材中的语法系统，同时也要符合语法发展的规律，即语法知识的选择应符合现代交际的原则，满足交际的需求，避免出现交际中较少使用、为语法而语法的教学设计。

（2）贯彻语法教学的交际性

基础教育的语法教学应当遵循交际性原则，即在必要的意识提升活动和语法操练的基础上，教师为学生尽可能地创设交际性语言环境。例如，运用实物、图片、动作、表演、录像等手段，创建包含运用语法规则的具体情境。教师也可以利用学生已经掌握的词语、短句来突出语法的交际本质，来创建真实、半真实的交际活动，引导学生感知、理解和学习语言。

（3）注重语法教学方法的多样性

语法教学应注重活动的多样性、话题的多样性、课堂组织的多样性、评价方法的多样性以及教师指令的变化性等。例如，归纳法与演绎法相结合，归纳法更有利于鼓励学生积极探索，以发现规则，满足求知的欲望，形成学习的内在动机；隐性语法教学与显性语法教学相结合，以隐性教学为主，适当采用显性教学，通过隐性教学培养学生的语言使用能力，通过显性教学增强语法意识；语法教学与听说读写活动相结合，语法应服务于听说读写各项技能，语法教学应该在听说读写的活动中培养，以实现服务于交际的目的。

（4）激发学生的语法学习动机

学习动机是开展一切学习活动的保证。为了激发学生的语法学习动机，语法教学中要注意选择恰当的语法内容，尽可能创设真实的语境，以适合学生的年龄、认知能力与语言水平，同时贴近学生的生活经历。

4．文化知识组织策略

语言与文化是密不可分的，语言的学习不可能离开文化。在一定程度上看，英语教学就是文化教学。文化知识教学应当遵循的组织策略主要有以下四个方面。

（1）系统地组织文化知识教学活动

在英语教学中系统地添加一些文化内容，如在教材中专门设立文化专栏，举办文化讲座、组织文化欣赏活动等，可促使学生系统地掌握英语国家的基础文化知识。

（2）将文化知识目标和态度目标、能力目标等融入英语教学

在英语教学中将文化知识目标、态度目标、能力目标等融入其中，如采取文化会话、文化合作、文化表演、文化交流等方式进行英语课堂教学，引导学生在语言学习过程中接受文化教育。

（3）通过师生互动感知文化差异

在英语教学中，教师与学生作为不同文化表现者参与文化互动活动，如师生相互讨论某一文化现象，通过文化疑惑解析、文化冲突化解、文化专题研究等方法，引导学生感知文化之间的差异，形成开放、平等、尊重、宽容的文化态度。

（4）通过直接参与文化交往获得文化知识和文化体验

学生在英语教学中直接参与文化交往，如通过面对面的交往或网络交往等直观的方式，在潜移默化中获得文化知识，养成积极的文化态度，形成有效的文化能力。

（二）课外活动组织策略

课外的语言学习活动，如与英语本族语者交谈、看英文电影、看英文电视节目、阅读英文小说、用英语写电子邮件等，是实现英语教学目标的不可或缺的补充性教学活动。通过组织丰富多彩的课外活动，学生能深刻理解所学的语言知识和技能，并自觉地将所学知识和技能加以应用，培养英语交际能力。

教师应在组织课外活动的过程中起引导作用。例如，教师向学生推荐课外阅读的英文小说。当然，教师在课外活动组织过程中不可干预过多，否则，就有可能减弱学生的积极性。

课外活动组织分为大型的课外活动和小型的课外活动。戏剧表演是可以定期开展的大型的课外活动之一，可用来巩固和评价所学语言知识和技能。这类具有创造性特点的课外活动非常有利于发挥学生的主观能动性，同时还能促进学生之间的团结与合作。开展英语歌曲比赛、英语

角、英语报刊或手抄报等带有综合性特点的实践活动也属于大型的课外活动，为学生运用所学语言知识和技能提供了很好的机会，学生之间相互合作，也有利于培养集体荣誉感。

开展这类大型的带有综合性特点的实践项目都应该有一个主题明确的活动方案、相应的图示和文字说明。由于开展这些活动的目的是巩固已学知识和已经形成的语言技能，因而，这类活动应定期开展，而且安排时间也要适当，通常可以安排在期中、期末进行，也可以安排在英语节、艺术节等活动期间进行。值得注意的是，此时参与者是否使用英语是对学生的表现或作品的重要评价标准之一。

经常性的课外活动多属于小型活动，通常指由学生一个人或一组开展的活动。例如，教师引导学生参与游戏；经常采用讲故事的方式呈现或练习所学语言知识，能够非常明显地提高学习效果；学生用英语写日记，有条件的可以建立自己的英语博客；学唱英语歌曲和歌谣是练习所学的内容，如语法结构、语音规则、词汇和句子韵律的有效方式。这些活动有利于提高学生使用语言的流利程度，并增强学生对所学内容记忆的效果。

（三）教学形式组织策略

在现代教育中，教学组织一般分为三种基本形式：班级教学、小组教学和个人学习。班级教学是教师向一个班级的学生传递教学信息的教学组织形式；小组教学是教师通过组织班级内的学生形成不同的小组，传递和分享教学信息的教学组织形式；个人学习是教师指导学生个人根据学生自己的选择，接收和获得教学信息的教学组织形式。

个人学习是人类历史上最早出现，也是最本质的学习形式。在人类社会分工之前，原始人类的教学都是手口相传的形式。随着人类的社会化分工变细，教学需要强调规模效益，班级就开始出现了。在班级教学中，教师会根据不同的学习风格、学习基础等，把学生分成若干个小组进行教学。

在英语课堂教学中，教师讲解课文或说明语法内容时，通常会采用班级授课的方式；在组织任务实施时，教师通常会将学生分成小组；而对于需要记忆、背诵的内容的学习，教师自然只能依靠学生自己个人的努力去完成。

当然，教师应该根据教学需要，最大效度地使用不同的教学形式。以小组教学为例，教师应该尽可能根据教学目标，将学生分成小组。若任务需要不同能力学生的配合才能完成，教师就应该根据学生的能力水平，把不同能力的学生分在同一小组，而不是把同一能力水平的学生分在同一小组。但若任务是需要同一能力水平的学生才能完成，就自然应该据此分小组。

只有一切从学生出发、一切从学习出发，教师才能最大效度地选择恰当的组织形式。

二、教学传递策略

（一）输入策略

语言输入指在语言学习过程中，学生接触作为学习目标的语言内容的过程。语言输入是语言学习的重要条件和前提，因此，教师应特别注重研究和利用心理学的基本原理，掌握作为语言输入的语言知识与功能的展示策略，以促进学生对语言输入相关信息的理解和应用。

以语言技能输入为例，听、说、读、写是人类使用语言开展交际活动所需要的主要技能，同时也是人类认识世界、获取知识、发展自身能力、相互交流情感的必不可少的重要途径。从英语教学角度来看，培养学生听、说、读、写的能力是英语教学的主要目标，而且，以上各种技能必须全面发展，不可偏废。事实上，作为言语交际活动的方式，听、说、读、写各项技能相互联系、相互依存。但是，听、说、读、写各种言语活动也有它们各自的特点，教师应结合教学实践进行相应的训练活动，提高教学的针对性。

1. 展示听的技能

作为人类口头交际活动的基本形式，听总是领先于说。听不仅是接收和理解声音符号信息，更是积极思考、重组语言信息，创造性地理解和吸收信息的心理语言过程，它涉及学生的认知、情感因素，如学生感知语音、辨别词汇、句法、句意的能力等。因此，在展示听的技能时，应注意以下几方面。

（1）听力材料的真实性

真实性指听力材料的语言要力求真实、自然、地道，能反映出英语本族语者使用语言的习惯，具有真实交际意义。

（2）听力材料的可理解性

可理解性指听力材料作为语言输入在难度上应具有以学生现有的知识结构为基础，但又稍微高出现有能力的特点。

（3）听力材料的多样性

多样性指听力材料的题材和体裁多样化，目的是促使学生接触丰富多彩的语言，尤其是在不同交际场景中的语言使用。为了扩大语言输入量，教师应结合教材内容，为学生补充适当的辅助听力材料。

（4）学生的语言知识、背景知识水平

教师应意识到语言知识是听力理解的基础，听者必须具备一定的语音、词汇、语法知识；同时，学生还要对听力材料中涉及的人物、场景、文化背景、风俗习惯、生活方式、价值观等方面的背景知识有所了解。

（5）学生的情感状态

学生的学习动机、自信心、焦虑等情感因素直接影响听力理解水平，教师应帮助学生树立自信，以轻松、愉快的心情去听，保持思维的活跃性，提高听力效果。

2. 展示说的技能

同听力一样，说的能力也是人类言语交际活动的基本形式。说话者借助已有的语言知识和规则创造性地运用语言，是大脑积极思维的过程。教师应借助一系列的教学活动实现语言规则的内在化，避免学生从母语到英语的“心译”过程，实现直接流利地表达思想和情感。因此，在展示说的技能时，应注意以下几方面。

（1）先听后说

根据理解先于表达的认知特点，教师在展示说的能力时，要本着先听后说的原则：一是要针对语音或知识点，教师在展示过程中应要求学生听清、听准，然后再口头模仿；二是要重视语言理解，教师在展示过程中应促使学生接触大量语言信息，并逐步实现语言规则的内在化，促使学生积极吸收和扩充语言知识。

（2）口语活动的多样化

在英语教学中，学生从学会发音、模仿到在交际场景中运用语言连贯地表达思想是一个漫长的过程。口语活动应多样化，如模仿、简单的问题回答、机械操练、意义操练、交际活动、小组活动、角色扮演、解决问题、自由表达等。

（3）学生的语言水平

口语活动的展示应考虑到学生的语言水平，如语言能力和语用能力。语言能力是口语表达的前提，正确的语音语调、一定量的词汇和语法知识积累都是培养学生口语表达能力的基础。在口语交际过程中，学生应具备一定的语用能力，即根据具体交际场景和上下文，调动已有的文化背景知识和个人体验，得体地使用语言，实现交际目的。

（4）学生的情感状态

焦虑是影响学生口语表达的主要干扰因素，适度焦虑可以促进学习。教师在展示说的能力时，应尽力创设交际情境，鼓励学生大胆表达，促使学生以自信、积极的心态参与学习活动。

3. 展示读的技能

读是人类书面交际活动的基本方式，是通过视觉感知语言符号获取书面信息的行为，更是从视觉感知语言符号到完全理解书面材料的意义的过程，也是与语言知识、文化背景知识、个人经验等相联系的认知加工过程。时代的发展，尤其是计算机技术的广泛应用，大大促进了信息的交流，英语阅读愈加凸显出其交际活动的本质特点。因此，在展示读的技能时，应注意以下几方面。

（1）阅读材料的真实性

真实的阅读材料往往为本族语者所用，如英文报纸、电视、电影中的英语材料等；非真实的阅读材料指专门为学习外语的人设计的学习材料，如词汇和语法知识等会做特别考虑和处理。介于二者之间的阅读材料尤其适合外语环境下的学生，这类材料既兼顾真实性，又考虑到学生的语言水平，非常有助于提高语言水平和语言技能，为今后阅读、理解真实的材料做好充分准备。

（2）阅读材料的可理解性

阅读材料的可理解性指语言信息输入稍稍高于学生目前知识水平，旨在传递语言负载的信息，帮助学生获得交际性阅读技能。真实性与可理解性并非完全对应：真实的材料未必可理解，可理解的材料也未必真实。对初学者来说，材料既应真实，又要具有可理解性，才能有效地提高学生的阅读技能。

（3）阅读材料题材的广泛性、知识性和趣味性

阅读材料的题材应广泛，文章内容应包括不同的知识范畴和文化背景，教师应引导学生了解和掌握不同体裁、题材的作品。同时，阅读材料内容应新颖、有趣，以激发学生的学习兴趣，提高学习动机，调动他们积极的思维活动。

（4）学生的语言水平

阅读过程始于视觉感知语言符号，学生必须掌握一定的语音、词汇、语法等语言结构知识。学生的背景知识和个人经验构成了“认知图式”，图示知识与语言结构知识共同形成了学生理解所读内容的前提

条件。

（5）学生的情感状态

兴趣是影响学生阅读能力的重要因素之一，学生的阅读兴趣愈浓，则其阅读量愈大，阅读面愈广。为了培养学生的内在阅读兴趣，阅读材料的选择必须难度适当，力求实现知识性与趣味性的统一，以帮助学生在提高语言知识的同时，充分享受阅读带来的愉悦感。

4. 展示写的能力

作为人类日常交际中的一种表达性技能，写是将思想转变成语言文字符号的过程。在英语教学中，不同的学习阶段对写有不同的要求。起始阶段的写作活动是为高级阶段的交际性的写作奠定基础，促使学生最终能够使用英语、自由地表达思想。写作既是英语教学的目的，又是英语教学的重要的表达手段。因此，在展示写的技能时，应注意以下几方面。

（1）写与听、说、读技能的结合

任何一项语言技能的培养都不可能是孤立的，只不过是在单项训练时有所侧重而已。写的能力应与听、说、读能力相结合，例如，听写既有助于提高学生写的准确性，又能检验理解的正确程度。又如，学生对段落的仿写、改写、写出摘要等活动都是在阅读基础上完成的，如果让学生先说再仿写、改写，既可减少表达的错误，又可降低写的难度。

（2）学生的语言水平

写的技能培养受到学生的语言水平的限制，如语言能力、语用能力等。由于书面语比口语更正式、更复杂，所以要求表达上的精确程度较高，学生应掌握丰富的词汇，能够准确、恰当地表达思想，而且学生还要学会运用不同的语言形式表达特定的意义。同时，学生还应考虑读者的文化知识和背景知识，在写作中恰如其分地传递信息。

（3）写作活动的多样性

写的活动应根据学生的语言水平采取多种多样的方式，如书写、抄写、听写、段落仿写或改写、句子或段落扩写、看图写作、按照提示写作、课文缩写、文章改写、自由表达等。

(4) 学生写作动机的激发

教师应尽可能地结合学生的生活实际和思想感情，为学生创设问题情境，挖掘交际题材，捕捉学生的兴趣点，促使学生产生表达的愿望，使他们有话可说，有情要抒。

5. 任务输入策略

任务教学倡导通过教师的充分指导促进学生积极地投入知识的心理建构，在促进新旧知识相互联系的同时，引导学生产生主动学习的心理倾向。输入策略包括以下几个方面。

(1) 学生先前知识的激活

学生借助教师的充分引导将新信息与先前知识整合成更高层次的知识结构，例如，教师提供一些核心概念，以语义联系的方式激活学生原有知识，作为接收新信息的基本框架；或以提供典型范例的方式使抽象的讲解变得具体、形象，更有利于学生的理解。

(2) 各项技能的使用

同样的新信息可以通过多种感觉通道展示给学生，例如，阅读材料的展示既可以通过视觉的形式，也可以通过听觉的形式，也就是说，既涉及读的技能，又涉及听的技能。但是，如果多种感觉通道提供的信息量超过一定的度，或两种感觉通道呈现的信息完全无关且信息量过大时，学生则难以接纳，从而降低了教学效果。例如，教师留出一定的时间让学生阅读和理解教材或黑板上的与学习任务有关的内容，如果此时教师还在滔滔不绝地讲解，反而会使学生无所适从。

(3) 难度适中的任务

教师在呈现学习任务时应确保任务难度适中，因为学生对过难的学习任务常常会望而却步，对过易的学习任务又难以引发学习的兴趣。在任务设计中要安排适度的不确定性，以激发学生进一步探寻的兴趣。

（4）引起学生注意

任务呈现应为学生新近体验到的不同的内容，但呈现方式和内容应简洁明了，避免杂乱、无关的信息分散学生的注意力。例如，在使用多媒体手段呈现信息时，应删除无关的背景信息及不必要的细节内容，以突出重点。

（5）激发学生的动机

如果任务难度适中，呈现方式灵活且富有趣味性，学生更有可能产生对学习的兴趣，从而产生强烈的学习欲望。

（二）吸收策略

英语学习过程中语言输入与语言吸收有着本质区别。语言吸收是指学生在接触作为学习目标的语言内容后摄入目标内容的过程。作为输入的语言，因为语速过快或呈现速度过快，或者因为难度过大，学生不能理解全部的语言，那些无法理解的语言就不能成为学生的吸收语言。言语是行为，因为语言行为是人类社会化的交际手段。语言也是知识，因为语言知识是人类社会行为内化的结果。具体到英语教学中，语言训练可以促使学生掌握英语语言本身的结构和规则及相关技能。英语知识结构大体包括语言结构和语言规则两方面：语言结构指语音、词汇、句法、语篇结构；语言规则指语法规则。显然，学生掌握语言的结构和规则能完善语言使用的正确性，监控语言运用过程，修正错误；同时，也有助于学生生成多种句式，灵活表达思想。也就是说，语言训练是促使学生更快、更好地吸收语言的有效手段。

1. 促进吸收的语音教学活动

对于学生来说，英语语音学习中，节奏常常是学习的难点。

节奏包括重音、长短、连读，其中重音起决定性作用，即节奏与句子重音和词的重音关系密切。英语中大量单词有两个以上音节，其中有的音节强而有力，被称为重音。单词重音的变化有时会引起词义的改变。

2. 促进吸收的词汇教学活动

掌握词汇的音、形、义三种结构要素是开展词汇知识教学的基本内容。音是词汇的物质外壳，人类在口语交际中凭借词的声音理解来表达意义。形是词汇的书面形式，词形是在口语的基础上产生的记录语音的书面形式符号。义是人类心理认识活动对一类事物进行概括的反映。词义又分为具体意义和中心意义：具体意义是指词与词所代表的客体的关系；中心意义是指词与概念的直接联系。

在语言交际中，首先要在音和代表客观世界的意义之间建立联系。词汇作为符号，是音和义的统一体。没有意义，词音和词形的结合就缺乏内容，语言交际就无从谈起。没有词音就谈不上词形，没有词形就无法使用书面语进行交际。因此，无论是口语交际还是书面语交际，必须建立音、形、义的紧密联系。首先，形成词音和词义的联系；其次，形成词音、词义和词形的联系；最后，达成词音、词形和词义之间的直接联系。

语言最基本的功能就是作为人类的交际工具，语言能力具体表现为听、说、读、写四个方面的技能。英语教学只有通过社会交往活动才能培养学生的交际能力，教师与学生、学生与学生之间用英语开展交往活动是帮助学生获得有效语言输入的主要途径。

3. 促进吸收的听力教学活动

以听力技能培养为例，听的过程涉及生理学、语言学和心理学等方面因素，它既包括对语言知识的辨认，又包括对语言内容的信息加工处理。因此，听力技能覆盖了语言的不同层次，涵盖多项“微技能”。

4. 促进吸收的口语教学活动

口语技能培养应遵循下列原则。

(1) 从形式操练到交际性活动的循序渐进原则

语言教学中的许多口语活动是以语言形式为中心，目的是帮助学生掌握语言的发音、词汇、句型结构等。为了培养学生的交际能力，口语教学应更多地重视意义的表达，但这并不否认操练的必要性和重要性。从注重形式到注重意义的过渡并不一定与学生的学习阶段完全对应，每个阶段都有不同种类的训练活动，即使学生在语言学习初级阶段也可能进行交际活动。

（2）尽可能为学生创造开口说英语的情境

针对有些学生怯于开口讲英语的现象，教师应结合实际生活模拟情境，努力营造浓厚的语言氛围，利用积极的情感反馈，消除心理障碍，鼓励学生积极参与课外活动，培养学习兴趣，体验成就感，获得学习英语的内在动力。

（3）正确对待口语表达的流利性和准确性

口语表达的流利性强调意义的完整表达，而准确性强调语言形式的正确使用；过于重视流利而忽视准确，很可能使语言难以理解；过于重视准确而忽视流利，则可能使意义表达缺乏连贯性。以纠错为例，过分重视流利性而很少纠错可能导致学生形成错误的语言表达方式，在交际中影响听者的理解，影响交际的顺利进行；过分重视准确性而经常纠错可能导致学生情绪焦虑，或对英语学习产生抵触心理。

5. 促进吸收的阅读教学活动

阅读技能也是由一系列微技能组成的：①识辨语音、词的特征和语法关系，以理解语言的表层意义；②预测阅读内容，学生在阅读过程中不断验证和修正自己的预测，这正是学生（读者）与阅读材料作者之间的互动关系。

6. 促进吸收的学习策略教学活动

事实上，学习策略的运用也是促进学生语言吸收的有效手段。学习策略指能够有效实现学习目的、学生有意识采用的学习行为及方法。培养学生的策略意识就是指培养学生在学习过程中的自我监控能力、自我调节能力，以提高自身的认知操作水平。具体说来，策略培养就是提高学生对自己认知过程的思维，是大脑对信息的表征、组织、储存、提取过程的思维。根据学生的心理过程特点，学习策略可分为元认知策略、认知策略、情感/社交策略三种。

元认知由元认知知识、元认知经验及元认知监控三部分组成。元认知知识又分为三部分：个人知识、策略知识和任务知识。元认知经验指的是学生在学习过程中的感受；而元认知监控指的是学生监控、管理、评估及调整学习活动的过程。也就是说，元认知学习策略指学生利用元认知知识，结合自己的元认知经验，调控学习过程所采用的策略，如计划、自我管理、自我监控、自我评估等。学生能够充分利用各种学习资源促进目的语学习，主动拓展接触目的语信息的渠道，寻求学习机会，也属于元认知策略。此外，学生通过各种手段分析学习中的任务需求、语言需求、注意力需求、情感需求，并根据各项需求分析安排自己的学习的能力也属于元认知策略。有声思维是培养学生自我监控、自我管理意识的一种有效方式，譬如，教师引导学生在阅读过程中说出自己对阅读信息的理解，使他们学会思考、预测和验证，形成自我监控力。

认知学习策略指学生为了解决具体学习问题而采取的学习策略，按照语言的听说读写各项技能来说，可以分为普遍适应式学习策略、词汇策略、听力策略、阅读策略、写作策略等等。普遍适应式学习策略不受学习目的和环境的影响，适用于多种学习目的和活动，这类策略包括联想、概括、演绎/归纳、词义猜测等。

情感策略/社交策略属于非智力因素。情感策略的目的是帮助学生在学习过程中保持良好的情绪状态，如移情，即通过换位思考等方式体验他人的情感。其他常见情感策略有析疑、合作、自我激励等。常见的社交策略有合作、求助、寻求与他人用目的语交流的机会、释义、非语言交际等。例如，教师引导学生通过合作解决独自一人可能难以解决的问题，可以提高学生的自信心，减少焦虑感。

（三）输出策略

如果说，语言输入是指学生听到或阅读到的并能作为其学习目标的语言信息，那么据此类推，语言输出就是指学生产生语言成果的过程，包括语言知识的输出和语言技能的输出。

语言知识通常指语音、词汇、语法规则等方面的知识，学生对这些知识的掌握程度关系到语言表达的准确性。正确的语音、语调不仅是口语交际的声音符号，更是交际者有效传达信息的重要手段。词汇是句子的组成成分，学生必须掌握丰富的词汇，才能准确、恰当地表达思想。语法规则知识是学生组织词汇、句子进行言语表达的基础。如果学生缺乏基本的语言知识，就不能正确表达，交际的有效性也就难以保证。因此，语音、词汇、语法规则是组成语篇材料的基石，是将思想转为言语或文字的重要手段。尤其是在书面语表达中，语言知识运用要更加正式和复杂，无冗余性。

三、教学管理策略

（一）时间管理策略

课堂教学过程是一个动态的过程，教师、学生、教学环境三者之间发生相互作用，以此促进教学目标的实现。现代课堂管理注重建立良好的课堂环境，保证良好的课堂活动秩序。同时，有效的课堂管理还应当能够保持课堂互动、促进交流，因为课堂活动从本质上说就是一种寻求师生之间、学生之间对话的实践交流活动。课堂活动的最终目的是促进学生的持久发展，因而课堂活动本身也具有持续发展的特点，课堂管理必须调动各种可能的因素，挖掘课堂的活力。

可见，课堂的有效管理就是在最大程度上使学生参与学习活动，使教师有效地利用教学时间，确保高效率的教学。因此，课堂管理的一个重要目标是尽量争取更多的时间用于学习。

1. 课堂时间的分类

（1）分配时间

分配时间指教师按照课程表确定的、为某一特定的学科学习确定的时间，在这里特指学习英语这门科目所设计的时间。

（2）教学时间

教学时间指教师完成常规管理以及管理任务（如考勤、处理课堂行为问题等）之后所剩余的用于教学的时间。

（3）投入时间

投入时间指学生实际上积极投入学习或专注于学习的时间，属于教学时间，也称专注于功课的时间。

（4）学业学习时间

学业学习时间指学生以高度的成功率完成学业功课的时间。

学生课堂时间分配的质量，如投入时间和学业时间，与他们的成绩呈明显的正相关。分配给教学的时间并不如学生投入学习的时间以及完成学习的成功率那么关键，因为即使教师安排学生参与教学活动，但如果学生并不配合，这样的安排显然对学习成绩没什么用。可见，所谓为学生争取更多的学习时间，实质上是指让学生参与有价值的学习活动，从而提高单位时间的学习效率。

2. 时间管理策略

为了提高课堂时间的利用率，教师可采用下列时间管理策略。

（1）提高学生参与课堂教学活动的积极性

提高课堂时间利用率的最有效途径就是教学活动要引发学生的兴趣，提高学生的参与程度，教师应提供给学生以较多的积极参与学习活动的机会，尤其要鼓励学生形成并参与结构完善的合作学习。

（2）保持课堂活动安排的紧凑性

在上课时尽量避免打断或放慢教学进度，保持教学的良好紧凑性，是保证学生高度参与学习活动的关键。在一个能够保持课堂活动安排得良好紧凑性的环境下，学生总是有事可做，并不会被轻易打断。例如，如果教师突然中断上课，花上几分钟去处理一件完全可以课后处理的小事，会对学生的参与性产生极大的干扰，这不仅会浪费学生的时间，而且学生过后要花费更多的时间安定情绪，将思路转回功课上来。

（3）保持课堂活动安排的流畅性

保持课堂活动安排的流畅性是指教师合理而又富有技巧性地将学生从一项学习活动引向另外一项学习活动，而不是毫无过渡地从一个主题跳至另外一个主题。教师在课堂上如果缺乏活动安排的流畅性，如重复和复习学生早已掌握的知识，或无端地停止讲课，思考下一个问题或准备材料，都会影响学生对学习活动的参与程度，影响单位时间的学习效率。

（4）形成课堂活动之间的良好过渡

课堂活动之间的良好过渡指学生从一项学习活动向另一个活动的变化，如从单词讲解到实物演示，从小组讨论到个体发言等。过渡被视为课堂管理的“缝隙”，最容易发生课堂问题。因而，教师在引导学生过渡时，应给学生一个明确的信号，使学生理解将要进行的活动或内容。

（5）鼓励学生进行自我管理

如果学生能学会很好地管理自己，就能大大提高学习时间的利用率。例如，教师通过让学生参与课堂规则的制定，反思制定某些规则的原因以及产生不良行为的原因，引导学生考虑他们将如何计划、监督和调节自己的学习行为，并对照规则，反思自己的行为，以补充完善已有规则。当然，鼓励和引导学生发展自我管理的能力可能要花费额外的时间，教师也要付出更多的精力，但是，从学生的长远发展角度看，这些努力都是值得的。

（二）纪律管理策略

纪律管理是有效教学的重要保证，课堂管理是指那些能够有效鼓励学生参与课堂学习的话语、行为和活动，而纪律是指评判学生行为是否适当的标准。课堂纪律是维持课堂秩序的手段，是课堂活动顺利开展的保证。课堂纪律同时还具有社会功能，具有内化道德规范、促进学生健康成长的作用。

课堂纪律管理包括正常纪律的维持和违纪处理两个方面。维持正常纪律的目的是要建立课堂上的和谐人际关系，这主要包括师生关系和学生之间的关系。和谐的师生关系表现为教学相长，积极健康，尊师爱生；学生之间的和谐关系表现为学生之间互帮互助，团结合作。形成积极的竞争关系，既有利于提高学生的学习积极性，也有利于其潜能的充分发挥。教师要帮助学生在合作和竞争中达到一种平衡，以建立宽松的教学环境。

作为正常人，都具有自制力，能够管理、调节和控制自己的行为。如果教师过分严格地约束学生的行为，学生反而容易产生抵触心理。可见，纪律的维持既不是采取生硬的措施来控制学生，也不是放任自流；既要采取必要的策略维护和谐的课堂气氛，又要给学生一定的自由度，学生才会与教师密切配合，共同维持好课堂教学纪律，在和谐融洽的气氛中愉快地参与教学活动。

就课堂纪律来说，预防学生违反纪律比矫正学生的问题行为更重要。要想保持良好的课堂秩序，教师可采取下列纪律管理策略。

1．从教师自身角度出发采取的策略

教师采取各种措施促进良好的纪律管理，比如，教师提问时按照姓名而不是座次顺序；要求学生在教师讲话前要保持课堂安静；教师计划好课堂活动，确保学生在课堂活动中自始至终都有事可做；教师公平地对待每一个学生；等等。

2．从学生角度出发采取的策略

在很多情况下，教师应借助集体的作用维持课堂纪律，例如，教师可以组织小组活动，让学生互相监督，在培养学生良好的自我管理能力的同时，也是促进良好课堂秩序的途径，例如，课堂活动的设计应考虑到学生的个性差异，充分利用学生的多元智力倾向特点。此外，值日班长制度也体现了对学生自我约束从而促成纪律策略的作用。

3．从学习任务角度出发采取的策略

学习任务的设计能够促成良好的纪律策略，比如，教师可以根据所学内容，开放设计一些游戏活动，激发学生的学习兴趣，促进学生的参与，自然有利于课堂纪律的维持。

4. 正确处理课堂管理和教学之间的关系

课堂管理与教学具有不可分割的关系。如果教师只是将精力和时间全部投入教学活动中，一味地追求促使学生解决问题，而忽视了课堂管理系统，后果是极其危险的，因为教会学生有效利用和控制自己的社会行为与教学生管理和控制认知同等重要。

事实上，即使面对学生的问题行为，我们也不主张进行简单的批评或惩罚处理，而是要针对学生的具体情况，进行认真细致的思想工作，选择恰当的处理时机，循循善诱，动之以情，晓之以理。针对学生的具体情况，发现问题行为产生的根源，采取适当的措施，使学生真正认识到自己行为的错误所在，从而决心改正课堂上的不良行为。例如，教师采用对待正常学生一样的做法对待有情绪障碍的学生，这显然不合适。存在情绪障碍的学生往往表现为焦躁、冷漠、自卑、娇气、孤僻、涣散、懒惰等，教师应掌握一定的心理学理论，采用心理辅导的方式，帮助学生正确认识和评价自我，确立自信心，培养学生的自我调节能力，形成健康人格。

第二节 大学英语教学优化策略

一、基于应用型人才培育视野的大学英语教学优化策略

（一）应用型人才培育视野下优化大学英语教学的意义

对大学英语教学而言，基于应用型人才培育进行适当创新与改善具有多方面的积极意义。

1. 改善教学效果

大学英语教学中存在不少问题，如学生兴趣缺失、对学生专业发展

的助力有限、教学方法单一、教学评价方式有待改进等。而在应用型人才培育视野下，大学能够着重从“应用”层面对英语教学进行创新和优化，进而在教学目标、内容、方式、评价等方面加以调整和改善，全方位推动教学效果的改善。强调“应用”的英语教学模式，能够以更加贴合学生身心特征的内容与形式吸引学生，同时能够真正将教学重心聚焦于学生自身以及应用实践，推动传统教学模式朝着更加契合全新教育需求的方向过渡和发展，能够引导教师在实践中真正做到关注学生英语知识运用能力的培养。

2. 契合时代需求

大学教育需要与时代发展进程同步，同时要与社会用人需求对接，这样才能保障育人实效。进入新时代，应用型人才培育已然成为整个社会的重要育人方向。而就英语人才培育而言，理论知识与技能仅仅是育人的基础。只有真正落实到应用实践层面，英语人才的培育才能契合社会用人需要，真正做到向社会各个领域输送高素质的应用型人才。尤其是在经济全球化发展进程快速推进的当下，英语人才不仅要掌握英语知识，还要具有良好的英语思维，熟悉英语文化，熟练应用英语进行交际乃至完成专业工作。而基于应用型人才培养优化英语教学，正是契合时代需求和社会与人需要的体现。

3. 促进学生综合素养提升

应用型人才培育强调的是学生应用能力乃至综合素养的全面发展，而传统英语教学模式不能有效实现这一点。只有对英语教学进行创新和调整，构建以生为本的教学模式，引导学生在自主学习与探究中去感受、体验、锻炼，才能促使学生在有效学习中实现全面成长及发展。以应用型人才培育为目标和要求，构建全面关注学生综合发展的教学模式，对教学目标、内容、方式等进行综合调整，正是促使学生全面发展的有效渠道。

（二）应用型人才培育视野下优化大学英语教学的具体措施

1. 转变教学观念以适应时代变化

当前社会经济建设水平逐步提升，对应用型人才的培育有了更多要求。在这样的背景下，大学作为人才培育的重要基地，应积极推动英语教学改革创新，使其能够充分适应时代发展的趋势。相关教育工作者也要注重转变自己的教学观念，改进传统的教学方法，树立起全新的目标并找到科学有效的方法和模式，对学生进行优化指导。

对比其他类型的人才，应用型人才具有较为显著的优势，其不仅具备扎实、稳固的专业知识基础，同时还有着很强的实践应用能力。因此大学需着重培养应用型人才，保障学生能将在校园内学到的知识运用于实践中，进而转化为社会生产力。

根据实际情况可以看出，对大学英语教学做出明确定位，并树立端正的教学观念，对于人才培养具有十分重要的作用，能够对大学英语教学改革的落实和推进产生直接影响。如今市场经济发展速度较快，需要引入大量的应用型人才，因此大学也应当把应用型人才的培养作为主要任务，将其放在英语教学改革的重要位置上，在此前提下走出一条英语教学改革的新路径，为社会培育出更多符合市场经济发展需要的优秀应用型人才。具体而言，大学和教师不仅要帮助学生打下扎实的专业理论基础，更要培养他们利用专业知识处理实际工作问题的能力，确保学生能在将来的就业和发展中体现出自身的价值。教师要改变单一的教学模式，将教学重心从原来的理论方面转移到实践方面，锻炼学生英语思维，教导他们如何在实际情境中用英语化解难题。

故而，大学英语教学并非仅仅教给学生英语知识，让其学会英语这门语言，更要在这一基础上让学生学会如何运用英语，使其能在实践过程中将知识与实践相结合，解决具体的问题。大学英语教师要革新自身的教学观念，对教学改革方向做出一个清晰而精准的定位，引导学生把基础知识和实践能力有机结合起来，从而真正落实应用型人才培育目标。

2. 采用高效的创新型英语教学模式

现阶段，大学英语教学大体包含了两大方面内容：一是教给学生必要的学习方法和技巧，也就是“授人以渔”，确保学生能将英语视为一项技能来学习并运用，积极强化他们的实践能力，在此基础上帮助学生树立明确的目标，培养自主学习意识；二是要培养并提高学生的英语思维能力，引导他们更多地掌握一些和自己专业密切相关的英语知识，同时适度精简与整合理论教学内容，保证学生能有足够的时间开展实践训练，学会利用英语来处理生活和学习中的各种问题。

要特别注意的是，大学教师开展英语教学时应当采用上述两种方法交互进行的模式，这样能促使学生在较短的时间内快速夯实理论基础并提高实践能力。在这种“双线式”教学模式下，学生不仅能够自主把控英语学习节奏，同时还能根据自身的具体情况和条件，探索出一条最为合适的学习途径，可谓事半功倍。

总体来看，大学生是存在较为显著的差异性的，每位学生的学习能力、兴趣偏好、英语基础以及实践应用能力都各有不同。所以教师应当立足现状，结合人才市场需求，以发展的眼光来开展教学活动，不断拓展知识的广度和深度，打开学生视野，加强他们的英语应用能力，确保学生能成为优秀的应用型人才。除此之外，大学也要对英语教学的拓展给予足够的重视，可以将一部分和学生专业挂钩的英语知识内容引入教学中，从而带动学生更为深入地掌握职业英语，达到“学以致用”的目标。

要培育更多的应用型人才，教师还应做到与时俱进，紧跟时代发展步伐，对当前的英语教学模式不断改革和创新。对于学生来说，兴趣是最能激发他们主观能动性的因素。教师需要创建趣味化的教学模式，激发学生热情，使他们能够积极主动地投入学习情境中，高效完成英语学习和练习。比如教师在开展教学的过程中，可以采用小组教学的方式，根据学生学习基础和能力等实际情况，将其分为几个不同的小组，之后再为各个小组设置针对性的教学目标及任务，让小组成员相互合作来完成。在此过程中，教师要确保学生掌握学习的主动权，让他们自由控制学习节奏，而教师则扮演好组织者和引导者的角色，对学生进行点拨和启发，在学生遇到困难的时候，及时帮助他们解决。在这样一个轻松、和谐、愉快的英语学习环境中，学生可以自主动脑、积极思索，围绕知识点开展实践探究。另外，教师还要根据学生的学习特征，为他们设计丰富多彩的教学活动。可以将一部分和学生专业有关的英语内容融入活动中，让学生在参与趣味化活动的同时完成英语实践训练，从中得到更多收获。或是结合目前的教学进度，采用差异化教学模式，引导学生利用课余时间做好英语学习规划，将一些碎片化的时间充分利用起来，调动他们的学习积极性，提高学习效率。在条件允许的情况下，大学也可以组织一些和英语相关的社团活动，以这种集体活动的形式来营造浓厚的英语学习氛围，继而让更多学生都能参与进来。可在校内举办英语演讲、英语辩论赛等活动，培养学生的良性竞争意识，提高其实践能力水平和自信心，使学生能在今后的就业中充分发挥出自身的英语应用水平。

3. 围绕人才培养目标优化课程设置

在以往的大学英语教学中，教师通常会集中力量培养学生的英语听、说、读、写能力，而在应用型人才培养目标下，教师应当更多地注重学生的可持续发展，将教学重心放到听和说这两个方面，以此不断增强学生的英语应用能力。为了培育新时代的应用型人才，教师要转变课程安排理念，紧紧围绕人才培养目标，打造全新的英语教学模式。在设置课程的时候，可以把英语课程划分成三大不同的板块，即基础英语、专业英语和职场英语。之后再依照各个模块的特点，制定出有针对性的教学内容。以往的大学英语教学大多采用大班授课的模式，这样容易使得教学与管理遭遇较多困难，且学生的基础和能力都参差不齐，教师难以实施针对性教学。故而教师可采用小班授课的模式，这样有利于对学生实施分级和分层的管理，可确保不同层次的学生都能找到适合自己的学习方式。

与此同时，教师还应加强网络教学课程的体系构建，充分利用现代化信息技术，开展在线课程教学，使学生能够随时随地参与到课堂中，把线上教学和线下教学相结合。要进一步强化网络英语教学资源的开发及应用，导入丰富多样的教学辅助手段，比如微课、慕课、翻转课堂等。如此一来学生就有了更加充足的时间进行英语听说练习，在提高自主学习能力的同时，学会在实践中运用英语这门语言，这对于应用型人才的培养来说具有十分明显的辅助作用。此外，教师还应做到把英语教学和专业教学有机融合起来，使学生所掌握的英语知识与他们的未来工作岗位密切衔接。对于刚步入大学的大一学生，可主要开展英语基础知识教学，帮助他们打下扎实的英语基础，使他们具备将来进一步学习的良好条件。到了大二时期，就可开展和学生专业相融合的英语教学，比如商务英语、医学英语、计算机英语等，重点突出课程设置和专业的匹配度，使学生所学的英语知识可以更好地应用于实践及专业领域中，切实满足应用型人才的培养需要。

4. 加强大学英语师资力量建设

教师的专业能力会对英语教学效果产生直接影响，教师只有提高自身的专业素质水平，才能培育出更多优秀的应用型人才。具体来看，英语教师的素质涉及较多方面，而评价一位教师是否合格，最关键的标准就是要判断其是否具备丰富的教学实践经验，以及教师的专业能力是否过关。因此，大学英语教师除了要优化课堂教学以外，还应当把课余时间充分利用起来，进行学习和充电，不断提高自己的英语素质和能力。

大学可以邀请英语教育专家或学者来到校内举办讲座和座谈会，采用现场讲解或是示范教学的形式，帮助校内英语教师提高教学水平。与此同时，大学还应当根据学校和教师的实际情况，适当增加一部分教师培训与深造的资金，为教师提供足够的条件，让他们能够积极进行学习和深造，从而掌握最新的教学方法，适应时代发展趋势。另外，大学还可对现有的教学奖惩机制进行一定的调整，重点突出科学化与人性化的特点。比如把教师的个人能力水平与其绩效相联系，对于表现良好、教学成果优异的教师，可给予一定的物质奖励，并颁发相应的荣誉称号，使教师的积极性和责任心得到全面调动和激发。

综上可知，切实落实应用型人才的培养，对于优化大学英语教学有着重要意义。在应用型人才培育视野下优化大学英语教学，教师应当转变传统教学观念，采用高效的创新型英语教学模式，围绕人才培养目标优化课程设置，同时大学也应当不断加强英语师资队伍建设，以适应时代发展潮流，为社会输送更多应用型人才。

二、基于二语习得理论的大学英语教学优化策略

（一）二语习得经典理论的要点解析

二语习得是根据第二语言习得的过程及规律而总结出来的，它具体是指个人在习得母语之后如何习得第二语言的系统研究。二语习得并不是一个单独的理论，而是由多个理论体系共同构成的理论体系，这些理论构成了二语习得的基本逻辑，多年来为语言教育提供着引导性的帮助。因此，如果要对二语习得的逻辑和要点进行探究，就应该对其经典理论的要点加以解析。国际上公认的二语习得经典理论有普遍语法理论、监察理论和可理解性输出说。以下对这三个理论的概念和主要观点进行阐述。

1. 普遍语法理论

普遍语法理论是由英语语法规则和基本参数所构成的理论，是英语语言体系的基本框架，所有语言的认知和应用都需要遵循这些客观原则和参数。普遍语法理论最早是在 20 世纪 80 年代初期由美国语言学教授乔姆斯基（Chomsky）提出。乔姆斯基认为，同一个语言体系之所以能

够存在于很多人的大脑中，关键在于语言体系有一些必要的原则和参数体系，而人们对于语言的使用无一例外都要参照这一体系。例如，一句话从主动语态到被动语态的转换，就具有国际公认的固定规则，即名词短语只能被移动到限定位置，否则语态就会失效。这种规则的存在，使得语言的应用具有更普遍的通用性，也更易于初学者去理解。因此，普遍语法的存在可以帮助和指导人们更好地掌握语言。乔姆斯基也表示，要学习一门语言，最关键的不是要学会词汇和短句的搭配方式，而是要彻底地理解和掌握普遍语法，然后在普遍语法上加入不同的动机（也就是设定不同的参数），从而构成一多种具有不同意义的语言。即只要在语言输入中能够遵守普遍语法理论，再输入正确且动机足够清晰的证据，任何人都可以达成“语言习得”的目标。

2. 监察理论

监察理论所强调的是，真正的学习是一个下意识的过程，其与人们本身就存在的某种思维模式密切相关，而不是受到教学步骤的影响。即学生对于知识的掌握，往往要优先于课堂的既定规则。也就是说，在课堂中学生真正掌握知识点的契机，可能并不是教师提前预设的时间节点，而是取决于学生自己的思维逻辑。监察理论的提出者克拉申（Krashen）表示，监察理论立足点来源于实际。现实中，在同一个课堂环境中，教师展示给学生的教学步骤基本一致，但不同学生掌握知识的时间节点却大不相同。这就解释了为什么在同一个教育体系下，会出现学生的学习水平和学习效率不尽相同的现象。克拉申认为，无论教师提前为学生省去了多少步骤，学生都必须通过自己的理解，让自己在情绪上和思路上掌握知识，明确知识在不同情境下的用法，如此才能真正理解和掌握第二语言的应用技巧。

3. 可理解性输出说

可理解性输出说指的是在学习语言的过程中，人们所接触到的信息除了要具有必然的“可理解性”特征外，更要能够支持人们对知识进行输出。也就是在学习之余，有专业的场所支持学生“学以致用”，这样才能令第二语言的习得效果无限接近于母语习得的效果。可理解性输出说是由美国著名语言学家斯韦恩（Swain）提出的，该理论的前身是“可理解性理论”。可理解性输出说的主要内容是，第二语言的习得必须建立在具有情感联系的基础上。也就是学生在进行学习的过程中，要对学习内容产生情感因素。当学生处在正面的情绪中时，可以较好地掌握知识，同时也能够保持对语言学习的主动性。而斯韦恩认为，第二语言习得的过程中如果只是注重学生是否具有正面情绪，实际上并不能完全保障学生的学习质量。最关键的就是要让学生立即“学以致用”，让语言知识在输入的同时，经由大脑迅速加以输出，用整个输入输出的过程加深知识在学生大脑中的印象。而这种印象并不是机械性的记忆印象，而是逐层理解和逐层强化所形成的逻辑印象。

综合来看，二语习得经典理论所强调的，就是要在建立最基础认知的基础上，尊重学生本人主观因素的制约，真正从学生认知的心理角度出发，去构建具体的语言习得策略。

（二）基于二语习得理论的大学英语教学优化的具体措施

1. 清晰划分知识点，引导学生快速建立学习动机

帮助学生建立学习动机这一步骤起动力作用，对于“习得”而言十分关键。对此，建议使用监察理论中所强调的，在根据学生自己的思维模式、尊重学生本人主观因素制约条件的前提下，去帮助学生建立学习的动机。首先，校方可以对教材进行现代化、实用性的改造，务必结合当前英语应用的整体趋向，去创新课本中的范例，争取让课本成为学生探索第二语言应用广度与深度的第一渠道。如果现实条件下无法改造教材，那么教师本人需要根据当前学生群体对于现实的主要关注点，去优化教学期间使用的资源。例如，创设留学面试、国外应聘、翻译岗面试等主题，有效吸引学生的注意。让学生对英语应用的情境产生期待感，继而产生主观积极情绪，提升知识输入的有效性，搭建好后期学生学习

普遍语法的桥梁。教师在选用新素材时，应该以该堂课需要讲述的“普遍语法”为核心进行扩散，范围上要尽可能地全面，从而保障每位学生都可以建立学习动机。

2. 改良教学形式，打造分层教学的“全主动”模态

语言输入应该保持在学生可以理解和接受的范围之内，以保证学生对学习材料和语言的吸收及转化过程。保障学生掌握普遍语法，实际上也具有一定的难度。这是因为同一个班级中，学生的起点有所不同，如果教师对这些学生输出同样量级的知识，就会导致水平较高的学生“吃不饱”，水平较差的学生听不懂。这两种情况的出现都不利于第二语言的有效习得。基于此，建议教师改良教学模式，以分层教学为目标去构建学生主动学习的计划。

第一，教师要围绕本堂课的教学重点，去设置不同难度的学习层级。以跨文化交际为例，可以设置三层学习结构：低层目标是扩充跨文化认知和进行简单对话；中层目标是以灵活的语言逻辑完成沟通目标；高层目标是在对话之余掌握探听对方潜在语言的能力。

第二，教师可以根据不同学生的水平，为学生布置不同的学习任务，并要求学生根据手头资料和网络资料，在规定的时间内自由准备。

第三，教师要以实践测验的方式，去创设不同的实践情境，目标是在讲解到不同难度时提问不同的学生。如此一来，每个学生都可以在自己能力范围内建立学习动机，并以主动的方式去学习和掌握普遍语法。

3. 强调语言输出，锻炼学生熟悉目标语的语言逻辑

在完成了对学习动机的建立和对普遍语法的教学后，教师应该持续强调语言输出，让学生持续性地熟悉目标语的语言逻辑。教师可以在完成一个阶段的理论教学任务后，改变以往的教授式教学模式，直接将课堂布置为仿真的英语环境。可以邀请校内的外教人员作为参与者，负责“接待”学生或者向学生进行提问，引导学生参与对话。其目的在于，创建一个真正的英语环境，而不是在汉语语境下的英语环境，从而让学

生能够身临其境，充分输出自己平时积攒的英语实用知识。教师也可以组织学生参与一些国际性的活动，让学生与来访的国外人士进行对话。

在专业的英语环境中，学生可以根据自己的优势去调整语言模式，训练场景绝对自由，每个学生都能够找到最适合自己理解知识的“节点”，二语习得的质量自然会有效提升。

需要明确的是，大学英语之所以要进行改革，目的并不是降低教师教学的难度，而是降低学生理解知识的难度；重点也并不在于要简化学习的过程，减少知识传递的数量，而是要改良知识传输的形式，培养学生学习英语的动机，让学生明确“为什么学习英语”和“要怎样应用英语”，再利用学生的积极性，使他们在不同的言语交际场景中，身临其境地出于实际的动机去积累英语语言的应用方法。只有在这种动机与模式下，学生才能真正快速有效地掌握英语语言应用策略，有效提升自身的英语应用水平。

第五章　基于语言学理论的大学英语教学策略

第一节　基于认知语言学的英语教学策略

一、基于认知语言学的大学英语教学模式构建

（一）理论依据

认知语言学的四项理论构成基于认知语言学的大学英语教学模式的主要理论为依据，它们分别是涉身观、构式观、概念观和使用观。

1. 涉身观

涉身观是指人们通过身体部位和动作表达情感、态度、意图等信息的观念和行为。在语言中，涉身观体现为通过动词、形容词、名词等词汇来表达身体部位和动作，进而表达情感、态度、意图等信息。例如，“握手”“拥抱”“点头”等词汇可以表达亲热、友好、尊重等情感和态度，而“走”“跑”“跳”等动作则可以表达意图和目的。

涉身观在语言和文化中具有重要的地位，它不仅是语言交流中的重要组成部分，也反映了社会文化的特点和人们对身体的认知和理解。在跨文化交流中，了解不同文化中涉身观的差异是非常重要的，因为这些差异可能会导致误解和沟通障碍。

2. 构式观

构式观是语义学中的一个理论，强调语言的语义是由词汇和词汇之间的关系构成的结构所决定的。该理论认为，语言的语义是由语言中的各种“构式”组成的，这些构式是一种特殊的语言形式，具有固定的语

义，可以由词汇和其他语法单位组成。这些构式可以是词汇搭配、语法结构、动词语义、语用信息等。

例如，在英语中，“take＋object”构成了一个固定的构式，表示“拿起某物”。同样，“subject＋verb＋object”是一个基本的语法构式，在语言中具有广泛的使用。

构式观认为，语言的语义是通过这些固定的构式来实现的，而不是通过单个词汇的语义来实现的。这种理论对于语言学研究的重要性在于，它揭示了语言语义的组成方式和运作机制，为语义学的研究提供了新的思路和方法。

3．概念观

概念观是一种将语义学与哲学相结合的语义学理论，强调语言中的概念是如何被建立和使用的。该理论认为，概念是语义的核心，而语言中的词汇和句子则是用来表达这些概念的符号。概念观的主要思想是，语言和思维之间存在着密切的联系，语言是思维的外在表现形式，而概念则是思维的内在基础。

概念观主张，语言和概念是相互关联的，概念是语言语义的核心。在概念观中，语义学的研究重点是语言中的概念结构，概念是语义的最小单位。同时，概念观还关注概念的本质特征、概念之间的关系以及概念的形成和发展过程等问题。

总的来说，概念观强调了语言与思维的密切关系，强调概念在语义中的重要地位，为语义学的发展提供了新的理论基础和研究方法。

语言的语义是与文化紧密相关的，因为语义是通过符号传达的，而符号本身就是文化的产物。因此，不同文化的符号系统也有着不同的语义。学生需要了解母语和目标语的文化差异，并通过对比和联系来掌握正确的语义。这也是跨文化交际中的重要一环。

4．使用观

使用观是指语言使用中的语义现象。它强调了语言使用的社会和交际背景对语义的重要影响，同时也强调了语义的变化和多义性。使用观将语义研究从狭义的词汇和句法层面拓展到更广阔的社会语言使用层面，包括话语分析、语篇分析、语用学等领域。使用观不仅关注语言的表面语义，也关注语言背后的意图和目的，强调语言使用者的目的和语境对语义的影响。因此，使用观被认为是一种更加综合和全面的语义研究方法。

(二) 教学原则

1. 体验原则

体验原则是指在语言学习中，学生的个人体验对于学习的影响非常重要。这个原则认为，学生通过体验语言的使用情境，能够更好地理解语言的语义和使用方式。因此，在语言学习中，应该尽可能地创造出真实的语言使用情境，让学生亲身参与，以便更好地理解和掌握语言的语义和使用方式。

体验原则在语言教学中得到了广泛的应用。传统的语言教学注重语言知识的传授，强调语法和词汇的学习，但往往缺乏真实的语言使用情境。而体验原则要求在语言教学中注重学生的体验，将语言知识与实际语言使用情境相结合，让学生亲身体验和实践。这种语言教学方式可以更好地激发学生的学习兴趣，提高学习效果，使得学生能够更好地掌握语言的语义和使用方式。

2. 词汇—语法连续体原则

词汇—语法连续体原则是指词汇和语法是相互依存的，二者不应该被划分为彼此独立的领域。在语言学中，词汇是构成句子的基本单位之一，而语法则是描述句子结构和构成的规则体系。因此，词汇和语法是构成语言系统的两个重要组成部分。

词汇—语法连续体原则的基本思想是，语言单位的含义不仅由其词汇构成决定，还与其在语法结构中的位置和作用密切相关。因此，在学习和教授语言时，应将词汇和语法视为一个连续体，而不是分开学习和教授。这样可以帮助学生更好地理解和运用语言。

该原则的提出和发展得益于一些语言学家的工作，他们认为，语言的语义不仅来自单个单词的含义，还与句子结构和语境等多方面因素相关。在他们看来，语言是一种社会行为，具有丰富的语用功能和文化内涵，因此词汇和语法必须作为一个整体来学习和理解。

3. 概念化原则

概念化原则是指将非概念化的信息转换为概念化的形式，以便更容易地被理解和处理。它是语言学习和认知过程中的一项基本原则，旨在将丰富的非概念化信息转化为简洁的、易于理解的概念形式。

概念化原则涉及语言中的抽象化和归纳化过程。它是一种从具体事物到抽象概念的思维方式，是人类思维的基础之一。通过概念化，人们可以将复杂的信息转换为简单的抽象概念，并在认知和语言交流中使用它们。

在语言学中，概念化原则是指通过一系列的语言手段（如名词、动词、形容词、副词等）将具体的语言符号抽象化为更为抽象和通用的概念，并将它们组合成复杂的语言结构。这样做可以大大提高语言的表达能力和表达效率，使人们更加准确地理解和使用语言。

4. 使用原则

使用原则是指在语言学习过程中，学生需要注意到语言的使用情境，即语用方面，而不仅仅是语法和词汇的知识。使用原则的核心是学生需要知道在什么情境下使用哪些语言形式是最为恰当和合适的。使用原则的目标是帮助学生培养语用能力，即能够根据不同的交际目的、场合、听众和说话人等因素来灵活、准确地使用语言。使用原则具体包括以下几方面内容。

(1) 礼貌原则：在交际中，遵循礼貌原则，尊重对方的权利和感受。

(2) 适应原则：根据不同的交际情境和社会文化背景，选择适当的语言形式和行为方式。

(3) 合作原则：在交际中，遵循合作原则，即根据对方的言语行为，积极地配合对方的意图和需要，实现交际的顺利进行。

（4）意义原则：在交际中，遵循意义原则，即清晰、准确地表达自己的意图，并理解对方的意图。

（5）国际原则：在跨文化交际中，遵循国际原则，即根据不同的文化背景和价值观，理解和尊重对方的文化，实现交际的和谐、有效。

（三）教学模式

教学模式充分结合了语言学习的认知特点和学生的个体差异。通过提供具体的体验活动，学生可以更好地理解和掌握语言知识，同时也可以更好地应用语言进行交际。通过构式习得的方式，学生可以更加深入地理解语法规则，使得语言知识更加深入和牢固。通过篇章输出的手段，学生可以将所学语言知识运用到实际情境中，提高语言应用能力。同时，四项教学原则也为教师提供了具体的指导和方法，以更好地帮助学生掌握英语语言知识。

教学模式是指在特定的教育理念、教育目标和教育环境下，为实现教学目标而采取的教学策略和教学方法的总体安排。教学模式主要包括教学理念、教学目标、教学内容、教学方法、教学手段、教学评价等要素，它们相互作用、相互制约、相互促进，共同构成了一个科学合理、有效、可行的教学系统，为学生的学习提供了有效支持。常见的教学模式有讲授式、研讨式、案例式、探究式、实践式、网络式等。

二、基于认知语言学的大学英语教学模式的特点与应用

（一）教学模式的特点

基于认知语言学的大学英语教学模式中，四项教学原则紧密关联，相互影响，教与学始终处于动态变化过程之中。这一模式主要有以下三个特点。

1. 认知与情感协同发展

学生参与体验活动而形成的情绪是教学的逻辑起点；进入构式习得阶段之后，学生的高级推理能力会影响创造力，理性思维会影响情绪思维。情绪思维的发展为学习、记忆、判断、决策以及创新搭建平台。

2. 形式、意义与功能协同发展

直接法、情境法、沉浸法及交际教学法均未能有效实现培养交际能力的目标，其原因基于语言学理论的英语教学策略研究在于对学生的语言知识分析能力培养没有给予应有重视。认知语言学视域下的教学模式以构式习得为教学目标，强调培养学生概括、抽象并创造性使用构式的能力，以期实现语言形式、意义与功能的整体习得。

3. 语言、文化与思维协同发展

在构式习得阶段，教师显性教学中使用的原型范畴理论、概念隐喻和转喻理论对培养学生的语言意识和文化意识具有直接的指导意义。教师让学生在预设的模拟真实语境中输出篇章，完成交际任务，提高语言使用能力，并获得相应的社会和文化知识信息。体验活动使用游戏、问答、全身反应、实物操作等方式激发学生的行动性思维，构式习得阶段使用范例图示等方式激发学生的图形性思维，篇章输出阶段激发学生的符号性思维，由此提升教学效率和效果。

（二）教学模式的应用

教学模式是针对特定教学目标、教学内容和教学对象而设计的，因此应用范围非常广泛。对于大学英语教学来说，可以根据教学目标、教学内容和教学对象的特点，设计适合的教学模式，以提高学生的学习效果和语言运用能力。以下是应用教学模式的具体方法。

（1）在语言输入和输出的过程中融入体验活动，以帮助学生深入理解语言的语义和功能。

（2）通过构式习得，让学生通过体验和反思逐渐建立语言结构的认知体系，提高语言运用的准确性和流利度。

（3）强调概念化原则，在词汇教学中通过归纳概念、分析语义关系等方式，帮助学生理解词汇的内涵和外延，以提高词汇运用的灵活性和丰富度。

（4）强调使用原则，在教学中注重提高学生的语言实际运用能力，通过模拟实际语言场景，帮助学生掌握语言的实际使用技能。

（5）结合文化和思维特点，帮助学生理解语言背后的文化和思维特点，从而更好地理解和运用语言。

总之，教学模式是一种教学策略，可以根据具体的教学目标和教学对象，灵活应用，提高教学效果。

第二节　基于结构主义语言学的英语教学策略

一、基于结构主义语言学的英语听说教学策略

结构主义语言学是20世纪初在欧洲兴起的一种语言学理论。结构主义语言学强调语言结构的形式和规律，认为语言中的单个语音、词汇和句子都是按照一定规律组织起来的。

听说法是在结构主义语言学基础上创立的英语教学法，这种教学法主要以口语为主，注重口头交流，采用机械重复和模仿训练的方式帮助学生掌握语言技能。听说法在英语教学界引起了广泛的关注和应用，尤其是在20世纪50年代至60年代成为英语教学的主流方法之一。

（一）结构主义语言学听说教学法概述

1．听说教学法的特征

以“听说教学法”为基础而形成的教学模式可归纳为：机械性操练—背诵—理解性操练—使用。这种重复而机械的句型操练对学生掌握目标语言的基本表达方式发挥着重要的作用。

（1）听说为先，兼顾书面语

“听说为先，兼顾书面语”是现代英语教学的一个重要理念，强调英语教学应该以口语和听力为基础，同时也要兼顾书面语。这一理念源于美国结构主义语言学的思想，认为语言的口语和书面语是相互关联的，但口语和听力是语言的核心，因为语言最初是通过口头传递和交流的。因此，在英语教学中，应该把重点放在口语和听力上，以便学生能够更好地掌握英语，进而更好地应用到书面语的学习中去。

但是，兼顾书面语也是必要的。因为在现代社会中，书面语是非常重要的沟通工具。而且，许多学生学习英语的原因之一就是想要读懂外文原版书籍、报纸、期刊等，因此对书面语的掌握也非常重要。在教学中，需要通过合理的教学方法和材料，让学生在学习口语和听力的同时，也能逐步掌握书面语的技能。

总之，“听说为先，兼顾书面语”的教学理念可以提高学生的英语学习效果和语用能力，更好地满足学生的学习需求。

（2）反复实践，形成习惯

反复实践是形成良好语言习惯的关键之一。在语言学习中，不仅要掌握语言知识，还需要不断地进行语言实践，如口语练习、听力练习、写作练习等。通过反复实践，能够逐渐形成语言表达的习惯，使语言变得更加流畅自然。同时，反复实践还有助于加深对语言规律的理解和掌握，促进语言能力的提高。因此，在语言学习中，反复实践是一个非常重要的环节。

（3）句型为纲，组织教学

句型为纲是一种以句子结构为中心的教学方法。该方法将句子结构作为学习和教学的基本单元，以句子为纲，逐步展开语言知识和技能的学习。它注重语言的内部结构和规律，通过学习和掌握句型的方式来提高学生的语言运用能力。

在句型为纲的教学中，教师通常会根据不同的语言难点，选取一些典型的句型作为教学内容，然后通过反复的练习和实践，帮助学生逐步掌握这些句型的结构和用法，进而提高他们的语言表达能力。

该教学方法的优点是：能够将语言知识和技能组织成一种系统化的结构，便于学生逐步掌握和运用；能够帮助学生提高语言表达的准确性和流畅性，从而增强他们的语言自信心和交际能力。但是，句型为纲的教学方法也存在着一些缺点，例如，可能忽略了语言的灵活性和多样性，以及语言的交际和文化背景等因素。

(4) 趣味性与实用性并重

趣味性和实用性并重是一个好的教学原则，尤其对于英语教学来说。教学内容需要趣味性，能够吸引学生的兴趣，激发学习动机，提高学习效率。同时，教学内容也需要具有实用性，学生能够将所学的知识应用到实际生活中，才能够真正掌握和理解所学内容的价值。因此，在设计教学内容和活动时，应该充分考虑学生的兴趣和需求，注重实用性，同时通过趣味性的形式来展示和讲解知识点，以此来提高学生的学习效果。

2. 听说教学法的语义

随着社会的发展和教育改革的深入，大学英语教学的目标也在不断调整和更新。现在的大学英语教学目标已经不再仅仅是培养学生的阅读能力，而是要求学生在听、说、读、写各个方面都能够达到一定的水平，特别是听说能力和交际能力的培养越来越受到重视。

在教学方法的选择上，也需要紧密结合新的教学目标，采用更为灵活、多元的教学方法。除了传统的课堂讲授和阅读训练外，还需要结合多媒体技术、课堂互动、小组讨论、语言实践等多种教学手段，帮助学生在不同的语境中学习、实践语言技能，提高学生的语言综合能力和交际能力。

同时，在教学内容的选择上，也需要注重语言应用的实用性和趣味性，紧密结合学生的实际需求和兴趣爱好，设计有针对性和趣味性的教学内容，使学生更容易接受和掌握所学知识，形成更为深刻的学习印象和习惯。

听说教学法在以下几个方面发挥了积极的作用：①听说教学法主张通过不断练习来提高口语表达能力。就现状而言，大学生口语练习远远不够。因此，课堂中使用听说法教学对学生口语表达能力的提高会有很大的帮助。②在使用听说教学法的课堂中，学生需要记忆目标语言中许多重要的句型和表达方式。虽然综合的语言学习方法十分重要，记忆在语言学习中也起到了不可忽略的作用。③通过听说教学法，学生进行口语练习的自觉性及意志力都能得到很大的提高。口语练习需要学生具备吃苦耐劳的精神，这种精神在语言学习中是不可或缺的。

3. 听说教学法在实际应用中的优势与问题

（1）优势

①强化口语能力：听说教学法强调口语的训练，使学生能够在口语交际中更为自如和准确地运用语言，从而增强学生的口语能力。

②提高听力能力：听说教学法注重听力训练，通过反复练习和模仿，帮助学生提高听力能力。

③增强交际能力：听说教学法注重培养学生的交际能力，通过模拟真实的交际场景，帮助学生学会如何使用语言进行交流。

④促进语言习得：听说教学法注重语言习得，通过让学生从语言输入中自然地习得语言，从而使学生能够更好地掌握语言。

⑤培养学生学习兴趣：听说教学法通过趣味性的教学方法，能够激发学生的学习兴趣，使学生更加愿意参与到语言学习中。

总之，听说教学法通过注重口语能力、听力能力、交际能力和语言习得，以及趣味性的教学方法，使学生能够更加自如地运用语言，从而达到更好的语言学习效果。

（2）实际应用中的问题

①听说教学法重视的是口语交际能力的培养，而书面语的训练相对较少，可能导致学生在书面表达能力上的欠缺。

②听说教学法在实践中需要花费大量的时间和精力，可能会导致其他语言技能的疏忽和忽视，需要在课堂时间和教学设计上做好平衡。

③听说教学法需要注重实践和实践的反馈，需要教师在教学过程中不断给予学生反馈和指导，而这需要教师的专业水平和经验。

④听说教学法需要大量的语言输入和互动交流，可能会受到教学资源和环境的限制，需要在实践中适当调整和改进。

尽管听说法存在诸多缺点，如无法充分满足学生的语言需求、缺乏文化意识和语用能力等，但其注重语音、语调和语法的练习方式，以及重视口语交际的理念，为后来的英语教学法提供了借鉴和参考。同时，结构主义语言学在词汇、语法和语义等领域的研究成果也对英语教学产生了一定的影响，为英语教学提供了更加科学的基础和理论支持。

（二）现阶段提倡听说教学法的必要性

在大学英语教学中语言基础知识是语言运用的前提，而语言运用能力的训练反过来也会促进语言基础知识的掌握。以听说为主的教学法不仅能极大地提高语言运用能力，也使得语言基础知识在运用中得到进一步理解、巩固和加强。因此，听说教学法能够满足新时代大学培养英语人才的要求，是很有必要提倡的。

（三）听说教学法实施步骤及策略

1. 课前：学生充分预习

课前预习是学生自主学习的重要环节，可以提高学生对课程内容的理解和掌握程度，有助于学生更好地跟进课堂教学内容。以下是促进学生有效预习的方法。

（1）给予学生清晰的预习任务和目标：在课程计划中提前给学生布置预习任务，明确要求学生在预习中应关注哪些内容和解决哪些问题。

（2）提供相关的学习材料：为学生提供相关的学习材料，如教材章节、参考书籍、网络资源等。

（3）引导学生积极思考：在预习任务中加入思考问题，引导学生积极思考和提出疑问，有助于激发学生学习兴趣和主动性。

（4）提供学习指导和支持：为学生提供学习指导和支持，如参考答案、解题思路等。

（5）鼓励学生交流合作：鼓励学生在预习中相互交流合作，共同解决问题，有助于提高学生的学习效果和学习兴趣。

2. 课中：全英授课，纠正发音

在课中，全英授课是听说教学法的一个核心特点。教师应该尽量使用英语进行教学，让学生通过模仿和练习掌握语音、语调和语音连读等基本技能，提高听力和口语水平。同时，教师应该及时纠正学生的发音错误，帮助他们养成正确的发音习惯。为了使学生更好地理解和掌握课堂内容，教师可以使用图片、视频、PPT 等多种教学工具，激发学生的兴趣，提高学习效果。

3. 课下：复习巩固，背诵课文

在课下，学生可以进行复习巩固，加深对课文的理解和记忆。同时，背诵课文也是提高口语能力的有效方法之一。教师可以布置课后作业，让学生在家中继续进行听说训练，例如，录制口语练习并提交作业，或者利用线上平台进行听力练习。另外，学生还可以通过自主学习来提高听说能力，如听英语广播、观看英语电影或剧集等。学生还可以自己制定学习计划，每天练习一定时间，逐步提高听说能力。

二、基于结构主义语言学的英语阅读教学策略

（一）英语阅读基本结构教学

英语阅读基本结构教学是指通过教授英语阅读的基本结构，帮助学生提高阅读理解能力的教学方法。这种教学方法强调通过阅读文章的结构来理解文章的主旨和具体内容，而不是仅仅对单词和语法进行理解。

以下是英语阅读基本结构教学的几个关键点。

（1）教授文章结构：学生需要学会识别文章的主题句、段落主题、支持句和细节等内容，这些都是文章的基本结构。在教学过程中，教师可以使用如图表、图像和关键词等工具来帮助学生理解文章结构。

（2）提高词汇量：学生需要具备一定的词汇量才能正确理解文章。教师应该注重词汇的教学和记忆，可以通过课堂教学、课外阅读和词汇测试等方式来提高学生的词汇量。

（3）练习阅读技巧：学生需要掌握一些阅读技巧，如快速阅读、扫读、精读和略读等。在教学中，教师可以通过模拟练习、小组讨论和角色扮演等方式来帮助学生练习阅读技巧。

（4）强化阅读策略：阅读策略是指学生通过不同方式来理解文章，如推测、比较、归纳和总结等。教师可以通过课堂讨论和练习来强化学生的阅读策略，提高他们的阅读能力。

总的来说，英语阅读基本结构教学注重培养学生的阅读理解能力，帮助他们在阅读英语文章时更快、更准确地理解文章的主旨和内容，提高阅读水平。

1. 基本句型结构

基本句型结构是指语言中最基本的句子结构，通常由主语、谓语和宾语组成。主语通常是句子中的主要名词或代词，表示动作的执行者或者状态的拥有者；谓语通常是动词，表示主语的动作或状态；宾语通常是动作的承受者或者状态的客体。基本句型结构可以表示简单的陈述句、肯定句、否定句和一般疑问句等。例如：

I have a pen.（我有一支钢笔。）———简单的陈述句

She is a student.（她是一个学生。）———简单的肯定句

They do not like bread.（他们不喜欢面包。）———简单的否定句

Can you speak Chinese?（你会说汉语吗？）———简单的一般疑问句

2. 基本段落结构

基本段落结构通常包括三个部分：主题句、支持句和结论句。

主题句是段落的中心思想，它可以位于段落的开头、中间或结尾。主题句通常是简单明了的陈述句，用来引出段落的主题，指明段落要讨论的内容。

支持句用来支持主题句，提供更具体的信息和细节，从而使主题句更加清晰和具体。支持句通常是描述性句子、举例句子、比较句子、因

果关系句子等。

结论句是段落的结束句，通常用来总结段落的内容或提出段落的结论。结论句可以是陈述句、建议句、疑问句等形式，它可以强调主题句的重要性，也可以展示作者的观点和态度。

以上三个部分构成了基本段落结构，能够使文章组织更为清晰、连贯、有逻辑性。

3. 基本文章结构

英语文章的基本结构通常包括引言、主体和结论三部分。

引言部分是文章的开头，一般包括一个引人入胜的开头句子，引出文章的主题和内容，并为主体部分的展开提供背景信息和铺垫。

主体部分是文章的重点，主要展开文章的主题，并提供详细的论证和支持，通常包括几个段落，每个段落只讲一个主题，结构清晰，逻辑严密。

结论部分是文章的结尾，通常总结和概括文章的主要内容和结论，强调文章的主题，提供一个有力的结论或建议，引导读者进一步思考或行动。

当然，不同类型的文章结构也可能有所不同，例如，新闻报道可能包括标题、导语、正文、配图等不同部分。

对于学生来说，理解文章的整体结构和作者的意图是阅读的基础，有助于提高阅读的效率和准确性。同时，教师在教学中也可以适当地引导学生去模仿、仿写文章结构，以提高学生的写作能力。

4. 文化背景结构

文化背景结构是指一个作品所处的历史、社会、文化背景对作品产生的影响和作品对文化背景的反映。文化背景结构对于理解一个作品的语义和价值具有重要的作用。

在阅读教学中，教师可以通过对文化背景结构的讲解来帮助学生更好地理解作品，把握作品的语义和价值。例如，教师可以讲解《哈姆雷特》中所反映的伊丽莎白时代的政治和社会背景，以及作品中的文化符号等。

在文化背景结构的讲解中，教师需要充分考虑学生的背景知识和阅读能力，尽可能用简单易懂的语言和例子来讲解，让学生能够真正理解作品所处的文化背景，从而更好地理解作品本身。同时，教师也应该充分尊重学生的文化背景，鼓励学生在理解作品的过程中发挥自己的思维和判断能力，形成自己独特的理解和见解。

确实，语言和文化之间有着紧密的联系，语言是文化的一种表达方式，文化也是语言的内在驱动力。在阅读理解中，文化背景常识是非常重要的一个方面，它涉及读者是否能够理解和解释文本中隐含的文化信息。例如，如果一个学生不了解“老鼠与麻雀”的文化背景，那么他可能无法完全理解这个成语所表达的意思。因此，了解文化背景常识是阅读理解中不可或缺的一部分，可以帮助读者更好地理解文本，掌握文化内涵，进而提升语言和文化的水平。

众所周知，影响学生阅读理解的一个重要原因是缺少相应的文化背景知识，因此，英语教师不仅要传授给学生地道的英文表达形式，更要使其了解相应的文化背景知识，因为英语语言中包含丰富的文化内涵，有时并不是仅靠查字典就能解决问题的。教师在帮助学生掌握英语语言本身的同时，指导学生有意识地学习和内化英美文化，即将文化知识教学与语言规范学习有机统一起来，对加强学生的英文知识能力，提高英文阅读水平是大有裨益的。

（二）“专题—模块”教学模式在英语专业阅读教学中的应用

“专题—模块”教学模式是一种将整个教学内容按照主题分成不同的模块进行教学的模式，对于英语专业阅读教学来说，这种模式可以帮助学生更加系统地掌握和应用英语阅读技能和知识。下面是具体的应用方法。

（1）确定专题。在每个学期开始前，确定教学专题，如商务英语阅读、文学英语阅读等。每个专题都应该包括一些关键主题，这些主题应该覆盖整个专题的知识点。

（2）制定模块。在每个专题中，按照主题设计不同的模块，每个模块都应该有自己的主题，学生应该按照这些主题学习和掌握阅读技能和知识。例如，在商务英语阅读专题中，可以包括如商务英语单词学习、商务英语短语学习、商务英语阅读技巧等模块。

（3）教学实践。根据模块和主题进行教学，让学生了解和学习每个主题和模块中的相关知识和技能。教师可以通过讲解、讨论、分组演练等方式进行教学，让学生充分参与其中，提高学生的学习兴趣和效果。

（4）整合专题。在教学结束时，进行专题整合，让学生将所学知识和技能整合起来，形成完整的知识体系和技能链条。同时，教师也可以通过考试、作业等方式对学生进行综合评价，检验学生的学习成果和效果。

通过“专题—模块”教学模式，可以使英语专业学生更加系统地掌握和应用英语阅读技能和知识，提高学生的学习效果和兴趣，为他们未来的职业发展奠定基础。

第三节　基于文化语言学的英语教学策略

文化语言学理论给我们提供了一种新的教学理念，对英语教学的教学方式和方法的改革产生了积极的推动作用，同时也对教师的理论素养、语言文化素养和教学实践能力提出了更高的要求。

一、英语文化教学的一般策略

（一）介绍不同的文化背景

介绍中西文化的差异是大学英语文化教学的重要环节，可采取的方式有：①教师在讲授语言知识之前，先对西方的某一文化进行介绍或在某一知识点上进行延伸、扩展。例如，对于复活节的讲解，教师可从其产生的来源、相关人物、庆祝方式等介绍。②教师先让学生发表自己对于西方文化的认识及其与中国文化的区别，然后教师进行归纳总结。总之，对于英语文化的学习，要让学生充分了解不同的文化背景，做到“知己知彼”，正确地掌握英语方法。

（二）课堂活动的灵活多样性

1. 建立文化讨论组

建立文化讨论组是英语专业阅读教学中的一种有效方式。这个组可以由教师组织，也可以由学生自己组织。组内的成员可以是同班同学，也可以是不同班级的学生。在组内，成员可以共同探讨文化背景知识、文化差异和文化体验等话题，从而加深对所学内容的理解和记忆。

在建立文化讨论组时，应该考虑以下几点：

（1）主题明确。确定每次讨论的主题，可以是与课程相关的文化背景知识，也可以是当前热点话题或学生感兴趣的话题。

（2）规则制定。制定组内规则，如讨论时间、讨论顺序、发言时限等，以保证讨论的顺畅和效果。

（3）组员分工。可以根据不同组员的兴趣和特长，分配不同的角色和任务，如主持人、记录员、总结者等。

（4）参考材料。为讨论提供相关的参考材料，如阅读材料、音频、视频等，以激发讨论兴趣和提高讨论质量。

（5）提供反馈。教师可以在讨论后对组员的表现进行评价和反馈，以鼓励优秀表现并指导不足之处。

建立文化讨论组有助于培养学生的批判性思维、表达能力和文化意识，同时也可以促进学生之间的交流和合作，提高课程的教学效果。

2. 情境表演

情境表演是一种常见的英语教学活动，它可以帮助学生通过实践，更好地理解英语课堂所学的知识，提高英语口语表达能力和交际能力。

在情境表演中，学生可以扮演不同的角色，通过对话的形式，模拟真实的场景，展现语言的应用，同时还可以培养学生的表达能力、自信心和团队协作能力等多方面的素质。

情境表演的设计应该注重真实性和趣味性。教师可以选择与学生生活、学习相关的场景，如订餐、购物、旅游等，让学生在情境中学习和运用语言。同时，教师可以通过增加一些趣味性的元素，如音乐、道具等，增加学生的兴趣和参与度。

情境表演的实施需要注意以下几点：

（1）明确任务。在情境表演前，教师应该明确任务和要求，让学生清楚自己的角色和任务，并提供足够的时间进行准备。

（2）角色扮演。学生可以扮演不同的角色，如服务员、客户、导游、旅行者等，让学生在情境中学习和运用语言。

（3）实际操作。情境表演应该是实际操作的过程，让学生在真实的场景中进行表演，不断地改进和提高表达能力。

（4）反思总结。情境表演结束后，教师应该让学生进行反思总结，让学生对表演中的问题和不足进行反思和分析，并提出改进意见和建议。

总之，情境表演是一种非常有效的英语教学活动，可以帮助学生更好地理解和运用英语语言，提高英语口语表达能力和交际能力。

（三）合理利用其他资源

1. 利用网络资源

利用网络资源可以帮助学生更好地进行英语阅读学习。可利用的网络资源如下。

（1）在线词典和翻译工具。学生可以使用在线词典和翻译工具帮助他们理解生词和语句，同时可以加深对词汇和语法的理解。

（2）学术论文数据库。对于英语专业学生，学术论文数据库可以提供大量的英语原文阅读材料，同时也能帮助学生提升学术英语的阅读能力。

（3）在线阅读材料。网络上有大量的英语阅读材料，如新闻报道、科技杂志等，学生可以根据自己的兴趣选择合适的材料进行阅读。

（4）在线讨论平台。学生可以参加英语阅读相关的在线讨论平台，与其他学生一起分享阅读经验，互相讨论学习策略，提升英语阅读能力。

在线英语学习网站和应用程序：有许多在线英语学习网站和应用程序，可以提供词汇记忆和语法学习的支持，帮助学生更好地进行英语阅读学习。

2. 邀请外教、留学生参与

邀请外教和留学生参与英语专业阅读教学可以帮助学生更好地了解目标语言的文化和语言习惯，同时也可以提供更加真实的语言输入和实践机会。外教和留学生可以担任教学助理、主讲课程或者参与课堂讨论和交流等形式，以不同的语言背景和文化视角为学生提供多元化的教学体验。在教学过程中，教师可以利用外教和留学生的特点和资源，开展跨文化交流和文化体验活动，拓宽学生的国际视野和跨文化交际能力。同时，与外教和留学生的合作也可以促进教师的教学思维和教学方式的创新和发展。

3. 定期举行讲座

对于英语专业的学生来说，定期举行讲座是非常有益的。可以邀请英语教学领域的专家、学者、教育工作者等来进行讲解，以便学生更好地了解英语语言及其背后的文化背景。同时，讲座也可以让学生了解英语的最新发展趋势、新的教学方法和技巧等。此外，讲座还可以提供一个与专家、学者互动交流的机会，让学生在思想和学术上受益匪浅。讲座的话题可以涉及英语语言、文学、教育、文化等方面，以满足学生的不同需求和兴趣。

二、构建基于文化语言学的大学英语课程体系的策略

（一）将文化学和语言学融入大学英语课程体系，构建多元取向的大学英语课程目标

1. 确立实用性＋素养性的大学英语课程目标

确立实用性＋素养性的大学英语课程目标意味着要充分考虑到学生的语言实际需求和综合素质的培养。具体来说，可以采取以下措施：

（1）结合学生专业需求设置课程目标。大学英语的课程目标应该与学生所学专业及未来职业需求相结合，重点培养与其未来职业相关的语言技能，如听、说、读、写等。同时，可以加入与专业相关的文献阅读、文献写作等实用技能的训练。

（2）强化跨文化交际素养的培养。在大学英语教学中，除了注重语言技能的训练外，还应该注重跨文化交际素养的培养。学生需要了解不同文化背景下的语言习惯、社交礼仪等，以便更好地融入跨文化环境，增强交际能力。

（3）鼓励学生自主学习。在大学英语课程中，应该鼓励学生通过阅读、听力、口语等多种途径进行自主学习，增强其学习能力和自我管理能力。

（4）重视实践环节的设计。除了在课堂上进行理论学习和语言技能训练外，还应该设置一定的实践环节，如情境模拟、实地考察等，让学生将所学知识和技能应用到实践中，提升其实际应用能力。

（5）提高教师教学素养。教师需要具备丰富的教学经验和跨文化交际能力，注重多元文化视角的融合，针对不同学生的实际需求和英语能力水平，精心设计教学内容和形式，从而更好地实现实用性＋素养性的课程目标。

2. 注意大学英语教材内容的多元化取向

在大学英语教学中，教材的内容应该具有多元化取向，涵盖丰富的

主题和话题，以满足不同学生的需求和兴趣。例如，可以包括社会热点、文化差异、职业技能、科技发展等各种领域的话题，使学生可以学到丰富的知识和应用能力，同时也能够培养学生的跨文化交际能力和全球视野。此外，教材内容也应该注重实用性，涵盖实际生活中常见的语言场景和应用场合，如购物、旅游、工作等，帮助学生掌握实际应用的英语技能。在确定教材内容时，还应考虑到学生的不同背景和学习需求，适当地引入相关的文化、历史、社会背景等内容，以提高学生的综合素养和文化认知水平。

3．加强大学英语课程实施的文化植入

（1）引入与文化相关的话题和素材。在课程中引入与文化相关的话题和素材，如不同国家的习俗、传统节日等，可以帮助学生了解不同文化的差异和特点，提高他们的跨文化交际能力。

（2）组织文化体验活动。通过组织文化体验活动，如参观博物馆、观看文化表演等，可以让学生亲身体验和感受文化，提高他们对文化的理解和认知。

（3）采用跨文化教学法。采用跨文化教学法，如对比教学法、交际教学法等，可以帮助学生更好地理解和应用文化知识，提高他们的跨文化交际能力。

（4）培养文化意识。在教学中注重培养学生的文化意识，如对不同文化价值观的比较和分析，可以帮助学生认识到文化对人的影响，提高他们的文化素养。

（5）教师文化素养的提高。教师要加强对文化的研究和理解，提高自己的文化素养，为学生提供更加全面和深入的文化教育。

4．制定英语课程评价的文化导向

（1）文化因素的考察。在评价过程中需要对学生的文化背景进行考察和分析，因为不同文化背景的学生对英语的学习方式和理解会有所不同，评价应该考虑到这些因素。

（2）文化交流能力的培养。大学英语教育的目标不仅仅是传授英语语言知识，更重要的是培养学生的跨文化交际能力。因此，评价应该注重学生在跨文化交际方面的能力表现。

（3）文化素养的培养。大学英语教育还应该注重培养学生的文化素养，包括对不同文化的认识、理解和尊重等方面。评价应该考虑学生在这方面的表现。

（4）职业能力的培养。大学英语教育还应该注重培养学生的职业能力，包括英语应用能力和跨文化沟通能力等方面。评价应该考虑学生在这方面的表现。

基于以上考虑，评价方法应该多元化，包括听、说、读、写各个方面的能力评价，也应该包括作品评价、项目评价、考试评价等多种评价方式。同时，要确保评价结果的公正性和科学性，避免过分注重英语语言知识的量化指标，更应该注重培养学生的文化交流能力和素养。

（二）全方位考察大学英语课程的新维度，深化课程改革

1. 促进学生全面发展，发挥输送合格人才的社会价值

在当今世界日益紧密的联系和相互影响下，跨文化交流已成为必然趋势。大学英语课程的文化植入能够帮助学生更好地理解和应对跨文化交际中的差异和挑战，提高他们的跨文化交际能力，培养跨文化意识和国际视野，使其更加适应全球化时代的发展需要。同时，这也有助于促进文化多样性的传承和发展，弘扬民族文化，促进不同文化之间的相互理解和尊重。因此，将文化语言学理论应用于大学英语课程体系建设中是非常有意义和必要的。

2. 推动大学英语课程改革

（1）定位明确，教学目标清晰

在教学目标上，需要突出语言技能与文化素养的培养，既注重语言应用能力的培养，又注重跨文化交际能力的培养，以满足现代社会对英语人才的需求。

（2）教学内容多元化，注重文化植入

教学内容应该具有多元化的取向，不仅要涵盖英语基础知识的传授，还要结合不同的文化背景和话题，促进学生的跨文化交际能力的发展。

（3）创新教学方法，注重学生主体性

传统的大学英语教学模式以教师为中心，注重语言知识点的讲解和语言应用技能的训练，缺少学生主体性的培养。应该采用更加灵活多样的教学方式，如小组合作学习、案例教学、多媒体教学等，注重学生的参与度和主动性。

（4）评价机制科学合理，注重评价学生的综合能力

大学英语教学评价应该从单一的语言技能评价转向对学生综合能力的评价，评价内容应该包括语言能力、文化素养、跨文化交际能力等方面，评价方法应该多样化、科学化。

（5）建设教师队伍，注重教师的专业素养与教育教学理念的创新

大学英语教师应该具备扎实的语言基础知识、广泛的文化素养、科学的教育教学理念和方法，以及不断提升的教育教学能力。教师需要不断地学习、探索，不断更新自己的教育教学理念和方法，以适应不断变化的教育需求和学生需求。

3. 指导大学英语教学实践

（1）了解学生的需求和背景，制定适合的教学计划，以满足学生的需求，同时提高他们的语言技能和文化素养。

（2）使用多样化的教学方法和资源，如互动式教学、讨论和实践活动、多媒体教学资源和网络教学等。

（3）培养学生自主学习的能力和积极性，促进他们对英语学习的兴趣和热情，帮助他们形成良好的学习习惯。

（4）注重课程评价，以确保教学质量，并不断改进教学方法和教材，以适应不断变化的教育需求和学生背景。

当然，具体的教学实践要根据学校、学科、学生群体等多方面因素来考虑，需要教师根据自己的经验和判断，制定具体的教学方案。

参考文献

[1]常宏.大学英语教学策略研究与实践[M].北京:知识产权出版社,2017.

[2]陈辉.大学英语教学策略与学习方法探究[M].长春:吉林出版集团股份有限公司,2019.

[3]陈绍英.大学英语教学策略[M].北京:外文出版社,2013.

[4]杜秀莲.大学英语教学改革新问题新策略[M].济南:山东大学出版社,2011.

[5]范楠楠.大学英语教学方法与策略[M].北京:现代出版社,2020.

[6]高凤琴,陕晋芬.当代大学英语教学理论阐述及方法运用[M].北京:中国书籍出版社,2019.

[7]高玲.大学英语教学应用与教学策略研究[M].长春:吉林出版集团股份有限公司,2022.

[8]葛诗利.面向大学英语教学的通用计算机作文评分和反馈方法研究[M].上海:上海外语教育出版社,2015.

[9]郝彩玲,金小英.PI教学法视角下的大学英语听说教学方法研究[M].北京:北京工业大学出版社,2018.

[10]侯敏灵.大学英语教学方法改革与实践探索[M].长春:吉林摄影出版社,2022.

[11]胡敏捷.PI理论与大学英语教学方法探索[M].北京:中国纺织出版社,2019.

[12]滑少枫.大学英语个性化教学的策略分析与系统设计[M].西安:西北工业大学出版社,2021.

[13]雷圣春,啜宁,关爱华.大学英语教学策略研究[M].延吉:延边大学出版社,2020.

[14]李玮.应用型大学英语教学现状与改革策略分析[M].北京:北京工业大学出版社,2020.
[15]李晓玲.大学英语教学方法研究[M].西安:陕西科学技术出版社,2020.
[16]林克难.大学英语教学策略研究[M].天津:天津科学技术出版社,2006.
[17]刘娜.新媒体时代下的大学英语教学方法创新探索[M].长春:吉林出版集团股份有限公司,2023.
[18]刘琼.大学英语教学方法与策略研究[M].长春:吉林出版集团股份有限公司,2023.01.
[19]马鑫,董海涛.现代大学英语教学策略及其综合应用[M].北京:新华出版社,2017.
[20]马义梅.大学英语教学策略[M].长春:东北师范大学出版社,2017.
[21]彭莉.大学英语课堂教学与优化策略研究[M].北京:北京工业大学出版社,2023.
[22]秦盼泓.文化自信视域下大学英语教学的策略与路径[M].北京:中国书籍出版社,2021.
[23]沈国荣,李洁.大学英语教师信息化教学能力发展现状与发展策略研究[M].北京:科学出版社,2017.
[24]王立康.大学英语教学方法创新与实践[M].长春:吉林出版集团股份有限公司,2020.
[25]吴美兰.大学英语教育的教学方法和探索[M].天津:天津科学技术出版社,2018.
[26]吴雪萍.大学英语教学策略理论与实践运用[M].长春:吉林大学出版社,2016.
[27]徐辉,王文英,张静.大学英语教学策略新论[M].长春:吉林大学出版社,2013.
[28]薛美薇.大学英语教学改革方法与途径[M].北京:新华出版社,2018.